환자안전을 위한
의료판례 분석

04 정형외과

김소윤 · 이미진 · 김용민 · 김양수
이　원 · 정지연 · 김상현 · 이세경 · 손명세

박영사

머 리 말

　'사람은 누구나 잘못 할 수 있다'. 사람은 누구나 잘못 할 수 있고 의료인도 사람이므로 의료인도 잘못 할 수 있다. 그러나 의료인의 잘못은 환자에게 위해로 발생할 수 있기 때문에 받아들이기 힘든 것이 사실이다.

　하지만 환자안전과 관련된 사건이 발생할 때마다 사건 발생과 관련된 의료인의 잘못을 찾고 시정하는 것만으로 환자안전의 향상을 기대할 수 있을까? 2010년 빈크리스틴 투약오류로 백혈병 치료를 받던 아이가 사망한, 일명 종현이 사건이 뉴스에도 보도되고 사회적으로 큰 파장을 일으켰지만 2012년 같은 유형의 투약오류 사건이 발생하여 환자가 또 사망하였다. 이 사건뿐만 아니라 의료분쟁 사례들을 살펴보다 보면 유사한 사건들이 반복되는 것을 알 수 있다. 그렇기 때문에 환자안전의 향상을 위해서는 의료인의 잘못에 집중하는 것이 아니라 다른 차원의 접근이 필요하다.

　이처럼 유사한 사건들이 재발하지 않도록 하려면 어떤 노력을 해야 할까라는 고민 속에서 '의료소송 판결문 분석을 통한 원인분석 및 재발방지 대책 제시' 연구가 2014년부터 시작되었다. 대한의사협회의 발주를 받아 의료소송 판결문의 수집 및 분석을 통해 해당 사례의 원인을 분석하고, 원인별 재발방지대책을 주체별로 제시하는 연구를 수행하였다. 당시 내과, 외과, 산부인과, 정형외과, 신경외과 의료소송 판결문을 활용하여 환자안전의 향상을 위한 연구('의료소송 판결문 분석을 통한 재발방지 대책 수립 연구')를 수행하였고, 현재는 의료행위별로 분류하여 원인분석 및 재발방지 대책 제시 연구가 진행되고 있다. 이러한 연구들은 가능한 범위 내에서 종결된 판결문을 대상으로 분석하고자 하였다. 하지만 분석대상 선정 당시 원인 분석 및 재발방지 대책 제시가 필요하다고 판단되는 사건들의 경우에는 환자안전 향상을 위한 정책 제안을 위해 종결여부를 떠나 분석 대상에 포함시켜 진행하였다.

　연세대학교 의료법윤리학연구원에서는 그동안 의료의 질 향상 및 환자안전을 위해 다양한 노력을 기울여왔다. 1999년 '산부인과 관련 판례 분석 연구'를 시작으로 '의료분쟁조정제도 실행방안 연구', '의료사고 피해구제 및 의료분쟁 조정 등에 관한 법률 실행방안 연구', '의료사고 예방체계 구축방안 연구' 등을 수행하였고, 이를 통해 의료사고 및 의료소송과 관련된 문제들을 다각도로 바라보았다. 이와 같이 의료분쟁의 해결에서 머무는 것이 아니라 이러한 사례들을 통해 의료체계의 개선이 이루어질 수 있도록 정책적 제안에도 힘써왔다. 연구뿐만 아니라 연세대학교 대학원 및 보건대학원에서 의료소송 판례 분석과 관련된 강의들을 개설하여 교육을 통해 학생들의 관심을 촉구하였다. 또한 환자안전 및 환자안전법 관련 연구를 수행하면서 환자안전법 제정 및 환자안전 체계 구축을 위해 노력하였다.

2015년 1월 환자안전법이 제정되었고 2016년 7월 29일부터 시행되고 있다. 환자안전법에 따라 환자안전 보고학습시스템도 운영되고 있지만 아직은 초기 단계이다. 의료기관 내에서 발생한 환자안전사건을 외부에 공개하고 보고하기 어려운 사회적 분위기 등을 고려하였을 때 의미있는 분석 및 연구가 가능하기에는 시간이 다소 걸릴 것으로 예상된다. 따라서 이미 수집되어 있는 의료분쟁 및 의료소송 자료를 활용하여 분석한 해당 연구들이 환자안전법 및 보고학습시스템의 원활한 시행에 도움이 될 것으로 생각된다.

한국소비자원 의료서비스 관련 피해구제 접수 현황을 살펴보면 정형외과가 진료과목 중 많은 비중을 차지하고 있었다. 그리고 2012년 4월 한국의료분쟁조정중재원 개원 이후 의료분쟁 조정신청 사건으로 접수된 사건 5,487건 중 21.4%(1,172건)가 정형외과였다. 이에 정형외과 관련 의료분쟁 및 의료소송의 원인 파악과 예방을 위한 재발방지 대책 제시가 필요한 상황이다. 이 책에서 제시된 다양한 사례들을 통해 관련 분야 보건의료인 및 보건의료계열 학생들은 의료현장에서 발생 가능한 환자안전사건들을 간접적으로 체험할 수 있고, 예방을 위해 지켜야 할 사항들을 숙지할 수 있을 것이다.

의료소송 판결문 분석 연구를 수행할 수 있도록 연구비를 지원해 준 대한의사협회 의료정책연구소와 진료 등으로 바쁘신 와중에도 적극적으로 참여해 주신 자문위원분들께 감사를 표한다. 또한 본 저서가 출판될 수 있도록 지원해 준 박영사에 감사드린다.

이 책들이 우리나라 환자안전 향상에 조금이나마 기여할 수 있기를 간절히 바라며, 제도의 개선을 통해 환자와 의료인 모두가 안전한 의료환경이 조성되기를 진심으로 기원한다.

2017년 4월
저자 일동

차 례

제1장

서 론

제1장 서 론

1980년대 중반부터 본격적으로 제기되기 시작한 의료분쟁은 꾸준히 증가하고 있으며, 이로 인한 다양한 부작용은 사회적으로 중요한 문제가 되고 있다(민혜영, 1997). 의료사고의 예방을 위해서는 의료사고 및 의료분쟁 해결 기전의 변화만으로는 의미 있는 진전을 기대하기 어려우며(Institute of Medicine, 2000), 현재 우리나라 상황을 고려하였을 때 의료사고 예방 대책을 위한 노력의 일환으로 의료분쟁에 관한 연구가 요망된다. 의료분쟁은 진료과목별로 분쟁의 양상과 해결 양상이 다르며, 유사한 의료분쟁이 반복되는 경향이 있다(신은하, 2007). 또한 의료사고의 경우 의료소송 판결문의 분석을 통해 사고 원인의 유형별 분류 및 의료사고로 가장 많이 연결되는 의료행위의 파악이 가능하다(민혜영, 1997). 따라서 진료과목별 특성과 원인을 분석해 예방이 가능한 부분은 예방대책을 세워, 같은 일이 반복되지 않도록 대비하여야 한다.

본 저서는 대한의사협회의 연구용역을 통하여 진행된 연구의 내용을 바탕으로 한다. 연구 대상인 판결문은 연세대학교 의료법윤리학연구원에서 보유 중인 판결문 10,048건을 활용하였다. 해당 판결문은 2011년 8월부터 의료법윤리학연구원 소속 연구원들이 법원도서관을 방문하여 전문과목별 의료민사 판결로 검색되는 판결문의 사건번호와 법원명을 수집하였으며, 각 법원에 판결서사본 제공을 신청하여 판결문 원본을 취득하였다. 이 중 연구에 사용할 판결문은 전체 진료과목의 사건발생시기부터 소송 종결시기까지의 평균소요기간인 약 3.38년(연세대학교 의료법윤리학연구원, 2012)

과 정형외과 의료소송의 평균소요기간인 약 4.23년(이원, 2013)을 고려하여 사건번호를 기준으로 2005 - 2010년 사이인 판결문으로 하였다. 다만 2005년 이전 사건번호이더라도 연구 대상인 사건과 연결되는 판결문인 경우에는 인과관계 파악에 필요하므로 포함하였고, 이렇게 확인된 판결문은 6,074건이었다.

확인된 판결문 중 배상금액이 있는 사건의 건수를 기준으로 상위 4개 과목(산부인과, 정형외과, 내과, 신경외과)과 외과 판결문을 추출하였다.[1] 이 과정을 통해 확인된 정형외과 판결문은 198건이었다. 판결문 확인 작업을 완료한 후 계량분석 준비 단계, 계량분석 단계, 질적분석 준비 단계, 질적분석 단계로 진행하였다.

사건 발생일시, 소송 진행 현황, 소송의 원인이 된 주요 과정, 사건결과, 과오분류, 최종심 판단 등을 파악하고, 엑셀을 활용하여 기술통계가 가능한 자료로 변환하였다. 변환된 자료를 활용하여 기술통계 분석을 실시하였고, 계량분석 결과를 참고하여 전문가 자문회의를 거쳐 질적분석 대상인 20건의 판결문을 선정하였다. 자문단은 대한정형외과학회를 통하여 추천받았다. 정형외과 질적분석 대상 선정 기준은 수술, 처치 및 시술, 진단(수술 전 검사, 수술 전 투여 중단 약물, 기왕증 등)이다. 그리고 소송기간이 길어지고 상고심까지 진행된 사건의 경우 그 이유가 있을 것으로 보고, 상고심 또는 항소심까지 진행된 판결문 중에서 다빈도 발생 사건 유형을 감안하여 최종적으로 질적분석 대상 판결문을 선정하였다.

질적 분석은 사건의 발생원인 파악 및 사건의 재발을 방지하기 위하여 판결문에 제시된 내용을 토대로 여러 방향에서의 사건 발생의 가능성을 추정하고 이를 방지하기 위한 사항을 제안하였다. 이를 위하여 판결문의 내용을 시간순서대로 재구성하였으며, 원고(환자)가 주장하는 사항과 피고(의료진 및 의료기관)가 주장하는 사항 그리고 이에 대한 법원의 판단을 구분하여 제시하였으며, 손해배상의 범위 등에 관하여 제시하였다. 이를 토대로 문제가 된 진료 과정을 다시 한 번 분류하여, 가장 근접한 인적 요인(환자 측 요인, 의료인 측 요인)과 시스템적 요인(의료기관 내 요인, 법제도적 요인)으로 나누어 분석하였다. 다음으로 인과관계도를 활용하여 사건의 원인과 원인별 재발방지책을 제시하였으며, 마지막으로 주체별(환자, 의료인, 의료기관, 학회 및 직능단체, 국가

---

1) 배상금액이 있는 사건의 건수를 기준으로 5위는 성형외과, 6위는 외과였다. 연구의 목적 및 상위 4개 과목 등을 고려하였을 때, 6위인 외과가 더 적합하다고 판단되어 연구대상 과목으로 외과를 선정하였다.

및 지방자치단체)로 재발방지를 위한 사항을 제안하였다. 분석된 자료는 자문단의 검토 과정을 통하여 부족한 부분을 보완하였다.

이 책에서는 부주의한 수술 관련 판례, 진단 관련 판례, 치료처치 관련 판례, 전원 및 기타 판례로 분류하여 사건의 개요, 법원의 판단, 손해배상범위, 사건 원인 분석과 재발 방지 대책을 소개하겠다.

▌참고문헌 ▌

민혜영. (1997). 의료분쟁소송결과에 영향을 미치는 요인에 관한 연구. 연세대학교 학위논문.

Institute of Medicine Committee on Quality of Health Care in America; Kohn, L. T., Corrigan, J. M., Donaldson, M. S. editors (2000). To err is human: building a safer health system. Washington, DC: National Academies Press, 이상일 역(2010), 사람은 누구나 잘못 할 수 있다: 보다 안전한 의료 시스템의 구축, 이퍼블릭.

신은하. (2007). 의료분쟁 발생 현황 및 진료과목별 분쟁 특성 분석. 연세대학교 학위논문.

연세대학교 의료법윤리학연구원. (2012). 위험도 상대가치 개선을 위한 의료사고 비용조사 연구.

이 원. (2013). 정형외과 의료소송 판결문 분석을 통한 경향 파악과 원인 분석. 연세대학교 학위논문.

제2장

부주의한 수술 관련 판례

제2장 부주의한 수술 관련 판례

판례 1. 신장을 키우기 위한 수술 중 주의의무 위반으로 부분강직 및 배굴 장해와 함께 양측하지 길이의 차이가 나타나게 된 사건_대법원 2006. 3. 10. 선고 2005다65944 판결

1. 사건의 개요

신장을 키우기 위해 사지연장술인 내외고정복합술을 시행 받았지만 통증과 발가락 배굴이 되지 않는 증세가 나타났고, 그 후 양쪽 하지 연장술을 계속 받았지만 결국 좌 족관절의 부분강직, 족부 및 제1지 배굴장해의 증상과 함께 양측 하지의 길이가 9.7mm 차이가 나타나게 된 사건이다[서울고등법원 2005. 10. 13. 선고 2005나21472 판결, 대법원 2006.3.10. 선고 2005다65944 판결]. 자세한 사건의 경과는 다음과 같다.

날짜	시간	사건 개요
1999. 1.경		• 신장이 146cm로 같은 또래 학생들보다 작아 피고 병원에 내원(환자 1981년생, 사고당시 18세, 여자) • 피고는 원고에게 성장이 멈추었기 때문에 신장을 키우기 위해서는 사지연장술에 의할 수밖에 없다고 하면서 사지연장술을 시행 받을 것을 권유함
2000. 2. 8.		• 다시 피고 병원에 내원하여 진료 받음

날짜	시간	사건 개요
2000. 2. 8.		• 당시 피고는 원고에게 2000. 8.경 미국 연수가 계획되어 있어 사지연장술을 시행할 수 있는 기간이 충분하지 못하다는 점을 설명 = 일리자로프 외고정술만을 시행하는 경우에는 외고정 장치를 더 오랜 기간 착용해야 하고 연장된 뼈의 변형 등 합병증이 생길 가능성이 더 높으므로 일리자로프 외고정술과 함께 골수강 내 금속고정술을 병행하여 시행하면 연장된 부분에 생성된 뼈가 완전히 경화되기 전에 외고정장치를 제거하여 착용기간을 줄일 수 있고 뼈의 변형과 같은 합병증도 좀 더 줄일 수 있다고 하면서 내외고정복합술을 시술받을 것을 권유함 = 연장술을 시행할 경우 4-5cm 정도 연장이 가능하지만 힘줄, 신경 등을 함께 연장하는 것이 아니므로 개인에 따라 아킬레스건 경축으로 인해 족관절 및 슬관절 운동 제한, 동통, 신경 증상 등의 부작용이 발생할 수 있다고 설명함
2000. 2. 27.		• 피고 병원에 입원 • 피고는 원고에게 수술동의서 뒷면에 그림을 그려가면서 내외고정 복합술에 대해 설명함 • 부작용으로 관절 구축, 감염 출혈, 신경 및 근육 장애, 보행장애, 흉터 및 수술 반흔, 감염 및 각 변형 등이 있을 수 있음을 설명함
2000. 2. 28.	09 : 05경~ 16 : 25경	• 전신마취 하에 양쪽 하지 경골 근위부 및 비골 원위부에 절골술 시행, 골수강 내에 금속정 삽입 후 일리자로프 외고정장치를 설치하는 수술 시행
	수술 후	• 회복실에서 원고의 양쪽 하지의 신경학적 변화를 살펴보았으나 별다른 이상을 발견하지 못함(원고가 이 사건소송 전인 2001. 11. 28. 피고 병원으로부터 수령한 경과기록지에도 수술 후 신경증상이 없다고 기재되어 있음)
	18 : 50경	• 회복실에서 입원실로 옮김 = 양쪽 하지의 동통은 없으나 양쪽 발가락을 움직일 수 없고, 무릎 밑쪽으로 감각을 느끼지 못한다고 호소
	19 : 20경	• 피고는 마취로 인한 것일 수 있으므로 계속 관찰하도록 지시
	21 : 30경	• 양쪽 발가락의 감각, 움직임, 혈액순환 및 발목 움직임이 중간 정도(moderate)임을 확인
	23 : 00경	• 발가락 움직임은 양호, 발목 움직임은 중간 정도로 확인됨

날짜	시간	사건 개요
2000. 2. 29.	09 : 00경	• 양쪽 하지의 동통 호소
	11 : 00경	• 양쪽 하지의 감각, 움직임, 혈액순환 및 발목 움직임은 이상이 없는 것으로 확인됨
	23 : 00경	• 왼쪽 발의 배굴이 미약해지는 증세를 보였고, 심하지는 않으나 왼쪽 하지의 통증이 더 심하다고 호소
2000. 3. 1.	16 : 00경	• 엄지발가락의 배굴이 되지 않는(poor) 증세 나타났고, 왼쪽 하지의 통증도 더욱 심하게 호소함
	21 : 00경	• 왼쪽 엄지발가락의 감각은 있으나 배굴이 전혀 되지 않는 것이 관찰됨
	22 : 30경	• 왼쪽 엄지발가락의 배굴이 되지 않고, 첫 번째와 두 번째 발가락 사이 및 족부 내측의 감각이 떨어지는 증세가 있음이 확인됨 = 피고는 석고부목에 의한 신경 압박 가능성을 염두에 두고 원고의 왼쪽 슬관절 부위의 석고부목 교정. 신경이 핀에 의해 압박되었을 가능성을 염려하여 슬관절 부위의 핀 하나 제거함
		• 그 후 수일간 경과를 관찰하였음에도 왼쪽 엄지발가락의 배굴이 나아지지 않고, 여전히 왼쪽 발의 감각이 감소되어 있는 등 신경 증상이 호전되지 않음
2000. 3. 7.		• 마취를 하지 않은 채 왼쪽 하지의 일리자로프 외고정장치 제거
2000. 3. 17경		• 왼쪽 발가락의 배굴이 어느 정도 회복되는 듯 보이기도 함
2000. 3. 18.		• 다시 배굴이 되지 않는 등 신경 증상이 호전되지 않음
2000. 3. 20.		• 왼쪽 하지 절골부위를 안정시키고 심부 비골 신경의 긴장을 완화시킴으로써 신경 회복을 촉진시키기 위하여 전신마취 한 후 왼쪽 하지 절골부위의 아래쪽 부분을 외측으로 회전시킨 후 그러한 상태로 일리자로프 외고정장치를 다시 부착함 • 수술기록지에는 수술 전 진단명이 '혈종으로 인한 핀 구멍 감염과 종아리 신경 마비'라고 되어 있음
		• 오른쪽 하지에 대해 연장술이 계속 시행됨
2000. 7. 5.경		• 32mm 가량 연장된 상태에 이르자전신마취 한 후 오른쪽 하지에 부착한 일리자로프 외고정장치를 제거하고 그곳에 경골 원위부 나사못 고정술을 시행
		• 왼쪽 하지 신경도 어느 정도 회복되는 듯한 양상을 보이자 왼쪽 하지의 연장술을 시행하기로 함

날짜	시간	사건 개요
2000. 8. 9.		• 전신마취 한 후 바깥쪽으로 회전시켜 놓았던 왼쪽 하지 절골부위의 아래쪽 부분을 제자리로 회전시킴 • 왼쪽 하지의 연장술을 준비하는 수술 시행 = 수술 과정에서 원위비골 절골부위에 다소의 전위가 발생. 추후 골 연장 시 골 형성 부전이 발생할 것을 염려하여 왼쪽 족관절 복숭아뼈 아래부위를 1.5㎝ 가량 절개한 후 핀으로 절골부위의 전위를 회복시켰고, 그 영향으로 절개부위에 다소간의 흉터가 남음
		• 왼쪽 하지에 대한 연장술 시행
2000. 10. 11.		• 전신마취 후 경골 원위부 나사못 고정술 시행 = 일리자로프 외고정장치는 추후 생성된 뼈가 경화된 이후에 제거하기로 하여 이를 제거하지 아니한 채 수술 마침
2000. 10. 28.		• 퇴원
2001. 1. 13.경		• 나사못, 금속정과 함께 일리자로프 외고정장치 제거 수술 받음
2004. 12. 24.경		• 좌 족관절의 부분 강직(족배굴 0°, 족저굴 60°), 좌 비골신경 손상에 의한 족부 및 제1지 배굴 장해의 증상을 보였고, 그 외에 우 슬부 동통 및 경미한 골 돌출이 있음이 관찰되었으며, 양측 하지의 길이가 9.7㎜ 정도 차이가 나는 것이 확인됨

2. 법원의 판단

가. 수술 시 지혈, 핀이 신경 주변을 지나가지 않아야 할 주의의무 위반한 여부: 법원 인정(항소심)

(1) 법원 판단

수술 전에는 별다른 신경 손상의 징후가 없다가 수술 다음날인 2000. 2. 29. 23 : 00경 왼쪽 발의 배굴이 미약해지고, 2000. 3. 1. 16 : 00경 엄지발가락의 배굴이 되지 않고 왼쪽 하지의 통증도 더욱 심해지고, 같은 날 21 : 00경 왼쪽 엄지발가락의 배굴이 전혀 되지 않고, 같은 날 22 : 30경 첫 번째와 두 번째 발가락 사이 및 족부 내측의 감각이 떨어지는 등 신경이 손상된 증세가 나타난 점, 2000. 3. 20.자 수술기록지의 진단명 등에 비추어 보면, 신경 손상은 수술 후 수술부위에 혈종이 생성되어 신경을 압박하였거나, 석고 부목이나 일리자로프 외고정장치의 핀이 신경을 압박한 것 등이 원인이 되어 서서히 진행된 것으로 볼 수 있고, 그렇다면, 피고 등은 수술시 추후에 혈종, 석고부목 또는 일리자로프 외고정장치의 핀 등이 원고의 신경을 압박하지 않도록 지혈을 철저히 하고, 석고부목이나 일리자로프 외고정장치의 핀이 신경 주변을 지나가지 않도록 시술하여야 할 주의의무가 있음에도 불구하고 이를 게을리 하여 수술 후에 위와 같은 원인에 의하여 비골신경이 압박되도록 한 과실이 있다고 추정된다.

또한, 의사는 위 수술 후에도 원고의 경과를 세밀히 관찰하여 신경 손상의 증세가 나타나는 경우 즉시 신경을 압박하는 원인을 찾아내어 이를 제거할 주의의무가 있음에도 불구하고 원고의 신경이 압박되고 있다고 의심할 만한 증세가 최초로 나타난 2000. 2. 29. 23 : 00경으로부터 하루가 지난 2000. 3. 1. 22 : 30경 뒤늦게 그에 대한 처치를 한 과실도 있다고 할 것이다. 따라서 의사는 이 사건 수술 및 수술 이후의 처치과정에서의 과실로 원고들이 입은 손해를 배상할 책임이 있다.

나. 수술 및 사지연장술 시행 과정의 과실 여부: 법원 불인정(항소심)

(1) 환자 측 주장

의사가 이 사건 수술 및 그 이후의 사지연장술 시행 과정에서 처치를 잘못하여 환자의 왼쪽 하지 비골신경에 직접적으로 손상을 가한 과실이 있다.

(2) 법원 판단

환자가 이 사건 수술을 받은 직후 및 수술 다음날인 2000. 2. 29. 11 : 00경 양쪽 다리의 감각 및 운동에 이상 증세가 없었던 점, 2000. 3. 7. 일리자로프 외고정장치를 제거한 이후 및 2000. 3. 20.자 수술 이후 각각 왼쪽 하지 신경이 어느 정도 회복되는 듯한 양상을 보이기도 하였던 점 등에 비추어 보면 이 사건 수술 당시 위 피고들을 포함한 피고 병원 의료진이 원고의 신경을 직접적으로 손상하였다거나 그 후 사지연장술의 시행 과정에서 비골신경에 직접적인 손상을 가하였다는 점을 인정하기에 부족하고 달리 이를 인정할 증거가 없다.

다. 설명의무위반 여부: 법원 불인정(항소심), 법원 불인정(상고심)

(1) 환자 측 주장

의료진이 이 사건 수술 시에 위 수술에 대한 부작용 등을 제대로 설명하여 주지 아니하는 등 설명의무를 해태한 과실이 있다. 또한 의료진은 수술을 시행함에 있어 전신마취를 하면서도 이를 시행한다는 사실이나 그 위험성을 고지하지 않은 과실이 있다.

(2) 법원 판단

○ 의료진은 2000. 2. 8.과 2000. 2. 27.에 환자 측에게 수술에 대한 부작용 등을 상세히 설명하였으므로 위 주장은 이유 없다. 또한 피고 병원 의료진은 원고에게 전신마취를 하였던 이 사건의 각 수술 당시(2000. 3. 20, 2000. 7. 5, 2000. 8. 9, 2000. 10. 11)에 원고에게 마취의 부작용에 대해 설명하고, 그 동의서를 받은 사실을 인정할 수 있으므로 위 주장 역시 이유 없다(항소심).

○ 원심판결 이유를 기록에 비추어 살펴보면, 원심이, 이 사건 수술에 관한 간호일지 등이 변조되었고, 피고가 이 사건 수술 시에 부작용 등을 제대로 설명하여 주지 아니하였으며, 전신마취를 시행한다는 사정 내지 그 위험성을 제대로 고지하지 않은 과실이 있다는 원고들의 입증방해 및 설명의무 위반 주장 등을 그 판시와 같은 이유로 받아들이지 아니한 조치는 수긍이 가고, 거기에 상고이유의 주장과 같은 채증법칙 위배로 인한 사실오인 또는 입증방해, 설명의무에 관한 법리오해 등의 위법이 없다(상고심).

3. 손해배상범위 및 책임제한

가. 의료인 측의 손해배상책임 범위: 60% 제한(항소심)

나. 제한 이유

(1) 원고가 시행 받은 내외고정복합술은 경험이 많은 의사가 시행하더라도 수술 부위의 염증이나 신경 손상으로 인한 마비증상 등의 합병증이 수반될 수 있고, 개인

에 따라 다양한 부작용이 나타날 수 있다고 알려져 있는 사실

(2) 원고 등은 이 사건 수술을 받기 전에 언론매체 등을 통해 이미 그러한 부작용이 있을 수 있음을 알고 있었던 사실을 인정할 수 있는 바, 위와 같은 사정과 아울러 내외고정복합술이 앞서 본 바와 같이 뼈를 인위적으로 부러뜨린 후 체외 고정기구에 달려있는 막대기의 나사를 이용하여 골절 부분을 벌여 놓아 뼈가 생성되도록 하는 방법으로서 그 방법 자체가 다소간의 위험성을 내포하고 있다고 보이는 점

(3) 피고가 이 사건 수술 전에 원고에게 그러한 부작용의 가능성에 대하여 설명하였던 점

(4) 피고 병원 의료진이 수술 과정에서 원고의 신경을 직접적으로 손상했다고 볼만한 증거가 없고, 신경 손상의 원인도 명백하지는 아니한 점

다. 손해배상책임의 범위

○ 항소심

(1) 청구금액: 212,989,400원

(2) 인용금액: 49,209,848원

　　－총 24,209,848원(40,349,747원 × 60%)

　　　＝일실수입: 33,642,048원

　　　＝향후치료비: 2,756,299원

　　　＝기왕개호비: 3,951,400원

　　－위　자　료: 25,000,000원

○ 상고심: 모두 기각되었다.

4. 사건 원인 분석

이 사건은 사지연장을 위해 내외고정복합술을 시행 받은 원고에게 수술 후 통증과 발가락의 배굴이 되지 않는 등의 증세가 나타났고 양쪽 하지에 대한 연장술을 계속하였지만 결국 좌 족관절의 부분강직, 좌 비골신경 손상에 의한 족부 및 제1지 배굴장해의 증상을 보이고 우측 슬부 동통 및 경미한 골 돌출이 있으며 양측 하지의 길

이가 9.7mm정도 차이가 나타나게 된 사건이다. 이 사건과 관련된 문제점 및 원인을 분석해본 결과는 다음과 같다.

첫째, 수술 시 지혈을 철저히 하지 않고, 핀이 신경 주변을 지나가지 않도록 주의하지 않아 비골신경이 압박된 것이다. 사지 연장술 시 절골술 부위에서 비롯된 혈종 형성보다는 핀 삽입시의 손상이나 자극이 더 주요한 원인으로 보인다. 또한 수술 시에 핀이 신경 주변을 지나간 것을 쉽게 알 수 있는 방법은 없으나, 집도의의 해부학적 지식에 근거하여 금속핀의 위치가 신경손상을 초래할만한 위험성이 있는 곳에 삽입되었는지를 파악하여 이를 통해 핀의 위치를 조절하여야 한다.

둘째, 수술 후 이상증상을 호소한 환자에게 적절한 처치를 뒤늦게 시행한 것이다. 법원의 판단과 같이 최초로 의심할 만한 증세가 나타난 시간이 2000. 2. 29. 23 : 00경이고, 석고부목을 교정하고 핀을 하나 제거한 것이 2000. 3. 1. 22 : 30경이다. 최초 이상 증상을 호소한 이후 환자 상태에 대해 알 수 있는 내용은 2000. 3. 1. 16 : 00경의 '엄지발가락의 배굴이 되지 않는 증세가 나타났고, 왼쪽 하지의 통증도 더욱 심하게 호소함'이다. 환자가 발의 배굴이 미약해지는 증세와 통증을 호소하였다면 주기적으로 배굴 상태와 통증 사정을 하고 기록을 남겼어야 하는데, 그러한 기록이 미비한

〈표 1〉 원인분석

분석의 수준	질문	조사결과
왜 일어났는가? (사건이 일어났을 때의 과정 또는 활동)	전체 과정에서 그 단계는 무엇인가?	−수술 시행 단계 −수술 후 환자 관리 단계
가장 근접한 요인은 무엇이었는가? (인적 요인, 시스템 요인)	어떤 인적 요인이 결과에 관련 있는가?	• 의료인 측 −수술 중 과오(수술 시 지혈을 제대로 하지 않고 수술 종료, 핀 삽입 시 신경주변을 지나감) −수술 후 환자상태에 대한 조치 지연(이상 증상 호소에도 석고부목 교정과 핀 제거가 지연됨)
	시스템은 어떻게 결과에 영향을 끼쳤는가?	

것으로 생각된다. 실제로 환자 상태 변화 관찰과 통증 사정을 했는지에 대해 판결문 상의 정보로는 정확히 알 수 없지만 기록을 남기지 않아 판결문에 기재(피고의 주장 또는 판단 부분)되지 않은 것으로 추정된다. 이에 관련하여 수술 직후에 양측 하지의 신경증상 유무를 확인 후 이를 즉시 기록에 남기고, 신경이상증상이 존재할 경우 역 시 지속적으로 기록에 남기는 것이 향후 신경증상 변화의 원인분석에 도움이 된다고 한다(〈표 1〉 참조).

5. 재발 방지 대책

원인별 재발방지 대책은 〈그림 1〉과 같으며, 각 주체별 재발방지 대책은 아래와 같다.

〈그림 1〉 정형외과 질적 원인별 재발방지 사항 제안

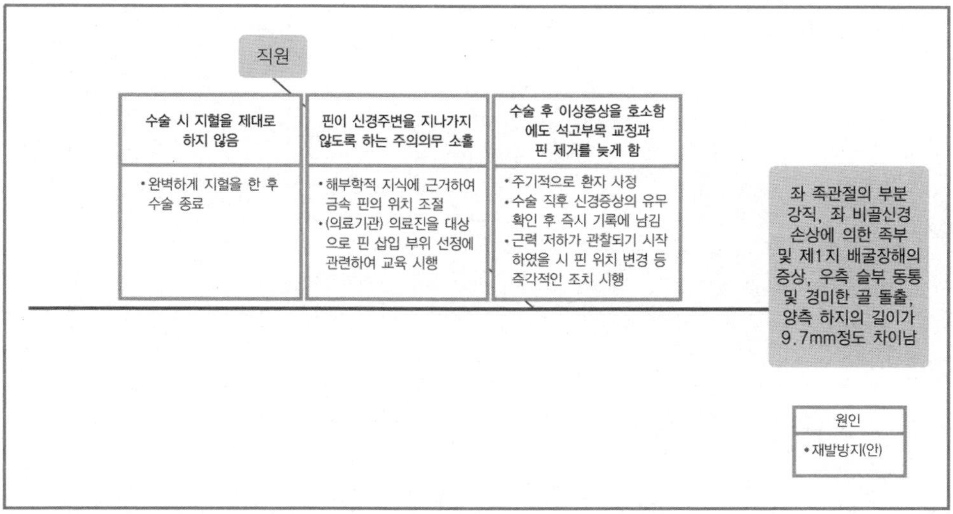

(1) 의료인의 행위에 대한 검토사항

수술을 시행할 시에는 완벽하게 지혈을 한 뒤에 수술을 마쳐야 한다. 또한 지식과 경험을 향상시켜 해부학적 지식에 근거하여 수술 위치를 선정하여 신경 손상의 발생 가능성을 감소시켜야 한다.

수술 후 환자를 주기적으로 관찰하여 환자가 수술 후 이상증상을 호소할 경우에는 확인 후 즉각적인 조치를 시행하고 기록을 남겨 환자의 신경학적 상태 변화의 원인 파악을 용이하게 할 수 있도록 한다.

(2) 의료기관의 운영체제에 관한 검토사항

의료인을 대상으로 수술 위치 선정에 관련된 교육을 실시하여 의료인의 능력을 향상시키도록 한다.

▌참고자료 ▌ 사건과 관련된 의학적 소견[1]

○ 사지연장술

키를 늘리고자 하는 뼈의 바깥에 원통형이나 막대기 모양으로 생긴 금속제 외고정장치를 장착한 후 뼈의 넓은 부분을 부러뜨려서 체외 고정기구에 달려 있는 막대기의 나사를 이용하여 하루에 0.25mm씩(하루에 1mm를 2~4번에 나누어) 늘리는 방법이다. 이렇게 하면 늘리는 부분에서 뼈가 자라나고, 신경, 혈관 및 근육 등도 함께 늘어난다. 새로 생긴 조직이 정상적으로 되는 기간과 물리치료 기간까지 포함하면 1cm당 한 달 정도의 치료기간이 필요하며, 뼈가 길어진 뒤에도 다시 단단해질 때까지 약 5개월 정도 고정장치를 하고 물리치료를 받아야 한다.

○ 일리자로프 외고정술

사지연장술 중 구 소련 연방 정형외과 의사인 일리자로프(Ilizarov)가 고안한 체외 고정기구를 착용하는 방법으로 길이를 늘이고 줄이는 것이 자유롭고, 휘어진 다리의 교정도 가능하며, 치료 중 뼈 속에 세균 감염 등을 일으킬 염려도 거의 없는 등의 장점이 있으나 내외고정복합술에 비해 체외 고정기구를 오랫동안 착용해야 하는 단점이 있다.

○ 내외고정복합술

뼈를 늘이는 방법은 사지연장술과 동일하지만, 뼈를 굳게 하는 데에 체외 고정기구뿐만 아니라 골수강 내에 금속정을 삽입하는 방법으로서, 금속정이 늘어난 뼈를 지지해 주므로 늘어난 뼈가 완전히 굳을 때까지 기다릴 필요가 없어 체외 고정기구를 착용하는 기간을 줄일 수 있으나, 체외 고정기구를 제거하면서 금속정을 고정하는 수술을 추가로 시술하여야 한다.

---

1) 해당 내용은 판결문에 수록된 내용임.

판례 2. 교통사고로 전원된 이후 수술 상 과실 및 적절한 치료 미비로 패혈증으로 사망한 사건_서울고등법원 2006. 4. 7. 선고 2005 나89997 판결

1. 사건의 개요

이 사건은 교통사고 후 전원 된 환자에게 창상 치료 및 일리자로프 외고정기구 설치술 등을 시행하였으나 결국 패혈증 등으로 사망한 사건이다[서울중앙지방법원 2005. 9. 7. 선고 2004가합31192 판결, 서울고등법원 2006. 4. 7. 선고 2005나89997 판결]. 자세한 사건의 경과는 다음과 같다.

날짜	시간	사건 개요
1996. 11. 23.	21 : 45경	• A가 운전하던 중 B(1979. 5. 30.생, 사고 당시 17세 5개월, 성별 미상)가 운전하던 오토바이와 충돌하여 B에게 좌측 대퇴골 과상부 개방성 분쇄골절, 골 및 연부 조직 손상을 입게 하여 골절편이 약 6cm정도 결손되어 C병원에서 치료받음
1996. 11. 24.		• 피고 병원으로 전원
		• 좌측 대퇴골 과상부 개방성 골절에 대한 창상 치유 및 골고정을 위하여 일리자로프 외고정기구 설치술 및 주변부 변연 절제술 시행
	수술 후	• 수술 부위의 일시적인 통증을 제외하고는 다른 이상 증세 없음
		• 항생제 치료와 압박 드레싱 등으로 창상 오염 상태가 호전됨
1997. 1. 7.		• 수술 부위에서의 골유합 촉진을 위하여 자가골 이식술 시행
	수술 후	• 감염 등의 이상증세를 보이지 아니한 채 일리자로프 외고정기구가 제대로 유지됨
		• 일리자로프 링 근위부 한 개의 핀 주위에 장액성 분비물이 나와 핀 주위에 항생제 주사 및 압박 드레싱 시행하였으나 그 양이 줄어들지 않음
1997. 2. 17.		• 장액성 분비물이 흘러나오는 부위의 핀 제거 = 장액성 분비물 줄어듦
1997. 3. 4.		• 일리자로프 외고정기구 제거. 제거한 핀 주위의 염증 및 골편 소실 등으로 인한 골단축, 불유합 치료를 위해 대퇴골 간부에 피질골 절골술 시행. 일리자로프 외고정기구 재설치

날짜	시간	사건 개요
1997. 3. 7.~		• 하루 약 1mm 정도의 골연장 시행
		• 일리자로프 외고정기구를 설치한 핀 부위의 통증 지속적으로 호소. 피질골 절골술을 시행한 창상부위에서 감염을 의심할 수 있는 농이 포함된 장액성 분비물이 나옴
1997. 3. 11.		• 창상 부위 개방하여 다량의 세척, 변연 절제술 및 압박 드레싱 시행 • 혈액 검사 및 균배양 검사 시행 = 백혈구 수치 11,550/$\mu\ell$, ESR수치 43mm/hr • 일반미생물검사 시행 • 골연장 일시적 정지
1997. 3. 13.		• 보고된 혈액검사 및 면역혈청검사 결과 백혈구 7,050/$\mu\ell$, ESR수치 74mm/hr, CRP수치 9.9mg/$d\ell$로 나와 염증 소견이 의심됨
1997. 3. 14.		• 3. 11.에 시행한 일반미생물검사 결과 = Staphylococcus aureus균(황색포도상구균, 반코마이신을 제외한 나머지 항생제에 대하여는 모두 저항성이 있는 것으로 나옴)이 검출됨
1997. 3. 17. 1997. 3. 19. 그 이후		• 일반미생물검사 결과 = Staphylococcus aureus균 검출되어 메독신과 포스마이신 투여
		• 심한 통증 호소. 피질골 절골술 시행한 창상부위에서 장액성 분비물이 지속적으로 나옴
1997. 3. 22.		• 슬관절 이하 부위에 설치된 일리자로프 핀을 제거
1997. 3. 23.		• 수술 부위에 대퇴동맥 파열로 인한 것으로 의심되는 출혈있음 = 지혈조치 시행. 분비물이 흘러나오는 부위에 겐타마이신을 창상 주사함. 골연장술 중단
1997. 3. 24.		• 수술 부위에서 출혈 계속됨 = 그 부위에 설치된 일리자로프 핀 제거. 지혈 조치 시행
		• 수술 부위의 심한 통증 호소
1997. 3. 29.	17 : 00경	• 체온 38.4℃
1997. 3. 30.	22 : 00경	• 체온 39℃
1997. 3. 31.	06 : 00경	• 체온 38.5℃

날짜	시간	사건 개요
1997. 4. 1.	01 : 00경	• 체온 39℃
1997. 4. 5.	10 : 00경	• 체온 38.5℃. 통증 조절 어려움
1997. 4. 12.		• 경막외 마취로 통증 조절 시작
1997. 4. 14.	06 : 00	• 체온 37.8℃
	22 : 00	• 체온 38℃. 발열증상 지속되어 피고 병원 의료진은 패혈증 의심
1997. 4. 16.		• 일리자로프 핀이 삽입된 상태에서 다시 골연장을 진행하는 과정에서 대퇴동맥 파열에 의한 출혈 소견 다시 보여 지혈 조치 취함
		• 고열 증세 보여 수혈 보류. 일리자로프 핀 제거술 시행
1997. 4. 17.		• 체온 38~40℃. 고열 증세 및 수술 부위 통증 지속. 의료진은 증상의 원인을 정확하게 찾아내지는 못하였으나 패혈증을 의심하여 이에 대한 치료를 실시한다고 보호자에게 설명함
1997. 4. 21.		• 핀 주위에 과다한 출혈 보여 혈관조영술(angiography) 시행 = 대퇴동맥 파열 및 혈종 소견 보임
	20 : 00~	• 일리자로프 외고정기구 제거. 비교적 고정이 간단한 외고정기구인 Orthofix를 이용하여 외고정술 시행 • 파열된 혈관 제거. 인조혈관인 Goretex사용하여 혈관문합술(arterial anastomosis) 시행
	수술 후	• 발열 증상 및 하지 부위 통증 호전되지 않음
		• 균 배양 검사 결과 Staphylococcus aureus균이 지속적으로 검출됨 = 패혈증 진단
1997. 4. 26.		• 항생제를 반코마이신으로 바꾸어 처방
1997. 5. 8.		• 가골이 형성되어 가던 대퇴골 원위부에 재골절 발생
1997. 5. 13.		• Orthofix 이용하여 외고정술 재시행
1997. 5. 19.		• 전신 무력감, 경미한 의식 소실 소견 보임 • 혈액검사 및 뇌 CT검사 시행 = 범발성 혈관내 응고장애로 인한 자발성 출혈에 의한 것으로 보이는 소뇌 출혈 있음
		• 피고 병원 내과로 전과. 신경외과, 신경과와 병행하여 치료 시행
1997. 5. 22.		• 의식 소실과 패혈증으로 인한 전신의 점상출혈 및 혈압하강 등의 소견 보임

날짜	시간	사건 개요
1997. 5. 22.		= 기관내 삽관을 하여 기계적 호흡 유지하였으나 여러 차례 심정지 발생하여 심폐소생술을 반복 시행함
		• 생존 가능성이 희박하다고 판단함
1997. 5. 23.		• 퇴원
	12 : 00	• 패혈증, 범발성 혈관내 응고증 등으로 인하여 사망

2. 법원의 판단

가. 일리자로프 외고정기구 설치 과정에서의 대퇴동맥을 파열시킨 과실 여부: 법원 인정(제1심)

(1) 의료진 측 주장

환자가 피고 병원에 내원할 당시 심한 탈장갑창과 창상 오염 상태를 보이고 있었고, 골절된 대퇴골이 창상 밖으로 노출되는 등 이미 교통사고 당시부터 감염에 노출되었고 그로 인하여 대퇴동맥도 손상을 입은 상태였으므로 환자의 대퇴동맥 파열은 일리자로프 핀에 의한 것이 아니라 균의 감염에 의한 연부조직 괴사 및 혈관 괴사, 그 후 골수염의 재활성화에 의한 것이다.

(2) 법원 판단

① 피고 병원에서 1997. 3. 4. 일리자로프 외고정기구의 재설치 수술 이전까지는 수술 부위의 일시적인 통증 외에는 다른 특별한 이상 증세를 호소하지 않은 점, ② 1997. 3. 4.에 시행한 수술 이후부터 수술 부위에서 장액성 분비물이 계속 나오고 1997. 3. 11. 이후로는 지속적으로 발열 증상 및 혈액검사, 면역혈청검사에서 염증 소견이 나타난 점, ③ 1997. 3. 11.에 시행한 일반미생물 검사에서 Staphylococcus aureus균이 검출된 이후 같은 균이 지속적으로 검출된 점, ④ 1997. 3. 23. 수술 부위에서 대퇴동맥 파열에 의한 것으로 보이는 출혈이 있자 지혈조치와 겐타마이신을 창상주사하고 골연장술을 중단하고 다음 날에도 일리자로프핀을 제거하고 지혈 조치를 취한 점, ⑤ 1997. 4. 16. 골연장을 진행하는 과정에서 대퇴동맥 파열에 의한 출혈로 의심되는 증상이 다시 나타나자 지혈조치를 휘하고 일리자로프 핀 제거술을 시

행한 점, ⑥ 1997. 4. 21.에 실시한 혈관조영술 결과 대퇴동맥 파열 소견을 보여 일리자로프 외고정기구와 파열된 혈관을 제거하고 Orthofix로 외고정술을 시행하고 Goretex를 이용하여 혈관문합술을 시행한 점을 보아 일리자로프 외고정기구를 다시 설치하는 과정에서 핀이 대퇴동맥을 관통하였거나 핀을 삽입하는 과정에서 대퇴동맥에 손상을 가한 과실이 있음을 인정한다.

교통사고 당시 환자는 개방성 골절상을 입을 정도로 지극히 나쁜 상태였음에도 수술 이후 1997. 3. 4까지는 항생제 치료 및 압박 드레싱으로 창상 오염상태가 회복되었고 균의 감염을 의심할만한 사정도 없는 등 특별한 이상증세가 전혀 나타나지 않았고 1997. 3. 4. 수술 이후부터 발열 증상 및 염증소견이 나타났으므로 의료진의 주장은 인정하지 않는다.

나. 패혈증에 대한 적절한 치료를 하지 못한 과실 여부: 법원 인정(제1심)

(1) 법원 판단

1997. 3. 4. 수술 이후 환자는 고열 증상을 보였으며, 검출된 Staphylococcus aureus균은 반코마이신을 제외한 다른 항생제에는 내성이 있는 점, 절골부위에서 농이 배액되었으며 피고 병원의 의료진은 1997. 4. 17.부터 패혈증에 준하는 치료를 하였으며 환자의 보호자에게도 패혈증의 의심을 설명한 점, 그럼에도 1997. 4. 26.에서야 항생제를 반코마이신으로 바꿔 처방한 점, 항생제 개발로 패혈증으로 인한 사망은 극히 낮은 빈도를 보이며 수술 후 감염이 발생하여 항생제를 사용하고도 균 배양검사에서 지속적으로 동일한 균이 검출되고 균 감염으로 인한 증상이 심한 경우 일반적으로 5일 정도 동일한 항생제를 사용해 본 후 증상의 호전이 없으면 항생제를 교체해야 하는 점 등을 보아 피고 병원 의료진은 Staphylococcus aureus균에 대한 감수성 있는 항생제인 반코마이신을 늦게 처방하여 패혈증에 대한 적극적인 치료를 하지 못한 과실을 인정한다.

다. 구상권의 발생 여부: 법원 인정(제1심)

(1) 보험자측 주장

원고는 가해자의 보험자로서 환자의 보호자에게 손해배상금 명목으로 금 110,000,000원을 지급함으로써 의료진을 공동면책하게 하였으므로, 의료진에 대하여 공동면책된 금액 중에서 가해자의 과실 비율을 초과하는 범위 내에서 의료진에 대하여 구상권을 취득하였다.

의료진은 환자의 보호자에게 위자료 등 12,000,000원을 지급하였고 2,800,000원을 지급하여 합의하였으므로 환자의 의료진에 대한 손해배상청구권이 이미 소멸되어 보험사가 손해배상금을 지급하였다고 하더라도 그로 인해 의료진이 면책된 것은 아니므로 보험자측은 구상권을 취득하지 못하였다.

(2) 법원 판단

환자 측이 의료진에 대해 손해배상에 관한 권리를 포기하거나 채무를 면제하는 의사표시를 하였다고 하더라도 보험자 측에 대하여 그 효력이 미친다고 볼 수 없고, 의료진이 환자의 보호자와 합의하여 손해배상채무의 일부를 면제받고도 사후에 면제받은 채무액을 자신의 출재로 변제한 보험자 측에게 다시 그 부담부분에 따라 구상의무를 부담하게 되어 의료진의 주장은 이유 없다.

3. 손해배상범위 및 책임제한

가. 의료인 측의 손해배상책임 범위: 70% 제한(제1심) → 화해권고결정(항소심)

나. 제한 이유

(1) 교통사고로 인하여 환자가 입게 된 부상의 정도와 이후 피고 병원 의료진이 환자를 치료하는 과정에서 의료사고를 일으킨 경위와 그 결과를 고려하여 교통사고 가해자의 과실비율을 30%, 의료진의 과실비율을 70%로 정함

다. 손해배상책임의 범위

(1) 제1심

① 청구금액: 110,000,000원
- 일실수입: 78,000,000원
- 장례비: 2,000,000원
- 위자료: 38,000,000원

② 인용금액: 77,000,000원(110,000,000원의 70%)

(2) 항소심: 화해권고결정

① 청구금액: 110,000,000원
- 일실수입: 78,000,000원
- 장례비: 2,000,000원
- 위자료: 38,000,000원

② 인용금액: 66,000,000원

4. 사건 원인 분석

환자는 교통사고 후 전원되어 왔고 의료진은 좌측 대퇴골 과상부 개방성 골절에 대한 창상 치유 및 골고정을 위해 일리자로프 외고정기구 설치술 및 주변부 변연 절제술을 시행한 후 자가골 이식술을 시행하였다. 이후 한 개의 핀 주위에 장액성 분비물이 나와 항생제 주사 및 압박드레싱을 했으나 그 양이 줄지 않아 핀을 제거하였고 그 후 분비물의 양이 줄어들었다. 이후 외고정기구를 제거하고 대퇴골 간부에 피질골 절골술 시행과 일리자로프 외고정기구를 재설치하였으나 설치한 부위의 통증을 지속적으로 호소하고 장액성 분비물이 나와 변연 절제술 및 압박 드레싱, 일반미생물검사를 시행하였다. 검사 결과 Staphylococcus aureus균이 검출되었고 수술 부위에 대퇴동맥 파열로 인한 것으로 의심되는 출혈이 계속되어 지혈 조치를 시행하였다. 이후 발열 증상이 지속되었고 의료진은 패혈증을 의심하여 치료를 하였으나 패혈증, 범발성 혈관내 응고증 등으로 인하여 사망하였다. 이 사건과 관련된 문제점 및 원인을 분석해본 결과는 다음과 같다.

첫째, 패혈증 치료와 관련하여 항생제를 반코마이신으로 뒤늦게 바꾸어 투약한 것이다. 특히 1997. 4. 17.부터 패혈증에 준하는 치료를 하였고 보호자에게도 패혈증의 의심을 설명하였음에도 1997. 4. 26.에서야 항생제를 바꾸어 투약하였다. 자문위원은 검사 결과에서 반코마이신에만 감수성이 나타난 것으로 보아 감염의 원인균은 MRSA였을 것으로 보이며, MRSA의 경우는 배양결과 확인 즉시 반코마이신 등 감수성 항생제로 교체해야 하며 필요시에는 외과적 배농도 고려해야 한다고 하였다. 설령 MRSA가 아니었다고 해도 유일한 감수성 항생제의 투여시기를 7주 가까이 늦춘 것은 이해가 되지 않으며 환자의 치료기회를 놓친 것으로 간주된다고 자문의견이 있었다.

둘째, 일리자로프 외고정기구 설치 과정에서 대퇴동맥에 손상을 가한 것이다. 골절부의 골결손이나 심한 전위로 인해 정상적인 해부학적 상태가 아닌 경우, 골절주변 연부조직 손상 등으로 신경혈관계 조직도 손상이 있거나 유착이 심한 경우는 신경혈관계 손상의 발생 가능성이 조금 더 높아지므로 각별한 주의를 요해야 한다는 자문의견이 있다. 핀 삽입술 후 의심 증상이 있을 시에는 즉시 혈관 조영술 등 진단검사와 핀 위치 변경 등의 조치를 취함이 바람직하다고 하였다.

1990년대 중반은 정형외과 주치의 1인당 수 많은 환자를 보던 시대로, 이 사건은 교통사고 환자로서 지역병원에서 이미 수술 한 후에 전원된 환자라 담당 의료진의 관심이 적었던 것으로 보이고, 골 연장술을 위한 절골술과 재 외고정술을 시행한 시기가 적절하지 않은 것으로 보이며, 대퇴골같이 큰 뼈가 개방성골절이 되었고 거기에 장액성 분비물까지 나오는 상황임에도 첫 수술 후 약 2개월 후에 연장술을 시행한 것은 적절하지 않다는 자문의견이 있었다(〈표 2〉 참조).

〈표 2〉 원인분석

분석의 수준	질문	조사결과
왜 일어났는가? (사건이 일어났을 때의 과정 또는 활동)	전체 과정에서 그 단계는 무엇인가?	−수술 시행 단계(일리자로프 외고정기구 설치 과정에서 핀이 대퇴동맥을 관통하였거나 핀 삽입 과정에서 대퇴 동맥에 손상을 가함) −수술 후 환자 관리 단계 −수술 후 감염관리 단계
가장 근접한 요인은 무엇이었는가? (인적 요인, 시스템 요인)	어떤 인적 요인이 결과에 관련 있는가?	• 의료인 측 −수술 중 과실(일리자로프 외고정기구 설치 과정에서 핀 이 대퇴동맥을 관통하였거나 핀 삽입 과정에서 대퇴동 맥에 손상을 가함) −수술 후 환자 관리 단계 −수술 후 감염관리 단계
	시스템은 어떻게 결과에 영향을 끼쳤는가?	• 의료기관 내 −패혈증의 조치 지연(감염관리를 위한 전문 구성원 활용 미흡) • 법·제도 −감염 관리 미흡(감염관리를 위한 인증 평가 기준 및 정 책적, 경제적 지원 미흡)

5. 재발 방지 대책

원인별 재발방지 사항 제안은 〈그림 2〉와 같으며, 각 주체별 재발방지 대책은 아래와 같다.

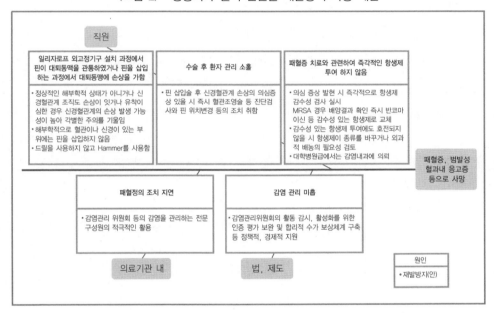

〈그림 2〉 정형외과 질적 원인별 재발방지 사항 제안

(1) 의료인의 행위에 대한 검토사항

환자가 골절부의 골결손이나 심한 전위로 인해 정상적인 해부학적 상태가 아니거나 신경이나 혈관 등의 조직에 손상이 있거나 유착이 심한 경우, 신경이나 혈관 등에 손상이 발생할 가능성이 높아 각별한 주의를 기울여야 한다. 혈관이나 신경이 있는 부위에는 핀을 삽입하지 않고, 핀 삽입시 드릴을 사용하면 핀이 회전하며 뼈에 삽입될 경우 인접 혈관이나 신경을 감아 돌면서 손상을 줄 위험이 높기 때문에 드릴을 사용하지 않고 Hammer를 사용하여야 한다.

핀 삽입술을 시행한 후에 환자에게 신경이나 혈관 손상의 의심증상이 발생하면 즉시 혈관조영술 등의 검사를 시행하여 손상 여부를 확인하고 핀의 위치를 변경하는 등의 조치를 취해야 한다.

환자에게 감염 의심 증상이 발생하면 즉각적으로 항생제 감수성 검사를 실시하여야 하고, 특히 MRSA의 경우 배양검사 결과를 확인하는 즉시 감수성 있는 항생제로 교체하여야 하며, 감수성있는 항생제를 투여하여도 호전되지 않으면 항생제를 바꾸거나 외과적 배농을 고려하여야 하며, 대학병원급의 병원에서는 감염내과에 의뢰하여야 한다.

(2) 의료기관의 운영체제에 관한 검토사항

환자에 대한 철저한 감염관리를 위해 의료기관 내에 감염관리 위원회 등의 감염관리를 위한 전문 구성원을 적극적으로 활용하도록 한다.

(3) 국가·지방자치단체 차원의 검토사항

의료기관 내 감염관리 위원회의 활동을 감시하고, 활성화를 위해 인증 평가 기준을 보완하도록 한다. 또한 감염관리에 대한 합리적인 수가 보상체계를 구축하는 등 정책적, 경제적으로 지원하도록 한다.

┃참고자료┃ 사건과 관련된 의학적 소견[2]

1) 좌측 대퇴골 과상부 개방성 분쇄골절상(left femoral supracondylar open fracture)

좌측 대퇴골 뼈 끝의 둥근 돌기 윗부분이 여러 조각으로 부서지고 그 끝부분이 피부 밖으로 노출되는 골절상이다.

2) 일리자로프 외고정기구 설치술

일리자로프 외고정장치라는 수술 기구를 이용하여 시행하는 것으로 골절 부위의 상하에 링을 끼우고 골절된 뼈에 철심을 꿰어 링에 연결하여 고정시킴으로써 골절된 뼈를 맞추는 수술로서 골절 치료 뿐만 아니라 사지의 길이 연장, 복잡한 변형의 교정, 골수염으로 인한 광범위한 골결손의 복원 등에 적용된다.

3) 주변부 변연 절제술

창상이나 감염병소에서 이물, 괴사조직을 제거하고 환부를 건강한 주위조직에 노출시키는 수술이다.

4) 피질골 절골술

뼈를 싸고 있는 골막에 손상을 주지 않으면서 늘리고자 하는 뼈에 혈액순환을 최대한 보존한 상태에서 가는 금을 가게 하는 수술이다.

---

2) 해당 내용은 판결문에 수록된 내용임.

판례 3. 추간판 탈출증 수술 중 과실과 수술 후 적절한 조치를 취하지 않음으로 운동제한 등의 증상을 보이는 사건_수원지방법원 안산지원 2009. 5. 21. 선고 2007가합8003 판결

1. 사건의 개요

환자가 4-5번 요추 사이의 수핵이 우측으로 탈출되었다는 진단을 받은 후 절제수술을 받는 과정에서 환자의 수핵이 우측으로 탈출되었음에도 좌측부분을 절제하여 마비증상을 보여 현재 운동제한과 운동능력의 약화 등의 증상을 보이고 있는 사건이다[수원지방법원 안산지원 2009. 5. 21. 선고 2007가합8003 판결]. 자세한 사건의 경과는 다음과 같다.

날짜	사건 개요
2002. 3.경~ 2005. 4.경	• 1년에 1~2번 한의원, 병원 등에서 요통으로 치료 받음(환자 1978. 11. 13.생, 사고 당시 28세 1개월, 여자)
2006. 7. 3.	• A정형외과의원에서 신경뿌리병증을 동반한 허리척추뼈 및 기타 추간판 장애 진단 받음
이후	• B병원 등에서 추간판 장애 관련 치료 받음
2006. 11. 13.	• B병원에서 CT촬영 등의 검사 시행 = 제4-5번 요추 사이의 수핵이 우측으로 탈출되었다는 진단
2006. 11. 29.	• C정형외과에 입원. 치료 받음
2006. 12. 4.	• 피고병원에 내원 = 피고가 감압기 치료 권유함
2006. 12. 6.	• C정형외과 퇴원
2006. 12. 7.	• 피고병원 입원 = 감압기 치료 받음 = 계속적인 요통 및 하지방사통 호소 등 호전 없음
2006. 12. 13.	• MRI 검사 시행 = 2006. 11. 13. CT촬영 검사 결과와 같이 제4-5번 요추 사이의 수핵이 우측으로 탈출되었고, 우측 신경근이 압박된 양상을 보이면서 추간판 간격이

날짜	사건 개요
2006. 12. 13.	좁아진 상태임
수술 전	• 양측 하지 모두 80도 정도의 운동범위를 보임
2006. 12. 19.	• 제4-5번 요추간 수핵 절제 수술 시행 = 제4-5번 요추간을 좌측 부분으로 절개하여 좌측 신경근을 견인한 후 좌측 수핵을 절제함
이후	• 수술 당일부터 좌측 다리가 저리다고 호소 • 계속적으로 요통 및 좌측 하지방사통과 좌측 하지의 마비증상 등을 호소 • 약물 및 물리치료 받음 • 통증 및 마비 증상이 계속됨
2007. 1. 4.	• 피고병원에서 MRI 검사 시행
2007. 2. 9.	• ※병원에서 MRI 및 CT촬영 시행 = 제4-5번 요추간 수핵이 수술 전과 반대 방향인 좌측으로 탈출됨. 좌측 신경이 압박된 상태 • 근전도 검사 시행 = 좌측 제5요추 신경근과 제1천추 신경근이 병변현상을 보이고 불완전 축삭 소실 상태
2007. 2. 9.	• 호전되지 않음
2007. 2. 12.	• 피고병원 퇴원
2007. 2. 13.	• D병원에서 제4-5번 요추간 수핵 제거 수술 재시행
2007. 2. 28.	• 피고의 권유에 따라 E재활의학병원에 입원
2007. 4. 9.까지	• 재활치료 시행
현재	• 물리치료 등의 재활치료를 받고 있음 • 수술 이후 나타난 수술 후 증후군으로 인하여 우측 하지는 약 70도, 좌측 하지는 약 50도 정도의 운동제한 현상이 나타나고 있음 • 좌하지 제1족지의 신전 운동능력이 약화되어 있고, 좌측 제4-5번 요추 신경근 영역의 감각은 저하 상태에 있음

2. 법원의 판단

가. 수술 중 과실과 수술 후 적절한 조치를 취하지 않은 과실 여부: 법원 인정

(1) 법원 판단

법원은 환자의 후유장해가 의료진의 의료상의 과실이 아니라 전혀 다른 원인에 의한 것이라는 점을 입증하지 못하고 있어 의료진의 과실을 인정하는 바, 그 이유들은 다음과 같다.

① 추간판 탈출증의 수술적 치료는 돌출된 수핵 부위를 제거하는 방법으로, 수술 전 환자의 제4－5번 요추간 수핵이 우측으로 탈출되어 있었음에도 의료진은 좌측 부분으로 절개하여 수핵을 절제하였고, 그 결과 환자의 제4－5번 요추간 수핵이 수술 전과는 반대 방향인 좌측으로 탈출된 상태가 나타난 점

② 수핵 제거 수술을 위해서는 수술 부위의 신경근을 견인하여 추간판의 중앙부로 젖히는 작업이 필요하고 이 때 신경근을 과도하게 견인하거나 손상시킬 경우 수술 직후부터 수술 방향의 하지에 위약현상과 통증이 발생할 수 있는데, 수술 전에는 제4－5번 요추간신경근에 특별한 이상이 없었음에도 수술 이후 제4－5번 요추간 좌측 신경이 압박된 상태에 있었으며 좌측 제5요추 신경근과 제1천추 신경근이 병변현상 및 불완전 축삭 소실 상태를 보여 신경근을 적절하게 견인하지 않은 것으로 보이는 점

③ 환자에게 수술 전에 좌측 하지 운동능력에 특별한 이상과 감각 마비 등의 증상이 없었음에도 수술 직후부터 좌측 하지의 마비 및 감각 저하 증세가 나타난 점

④ 수술 이후 예기치 못한 증세가 나타날 경우 즉시 CT촬영, MRI 검사 등을 통하여 재수술 등의 적절한 조치를 취해야 하는데 환자가 수술 직후부터 수술 전에 나타나지 않은 좌측 하지의 마비 및 감각저하 증세 등을 계속하여 호소하였음에도 약물 및 물리치료 외에 특별한 조치를 취하지 않은 것으로 보이는 점 등

3. 손해배상범위 및 책임제한

가. 의료진 측의 손해배상책임 범위: 80% 제한

나. 제한 이유

(1) 환자는 수술 시행 4년여 전부터 요통 및 양측 하지방사통과 관련한 치료를 받는 등 척추와 관련된 기왕의 질병이 있었고, 이러한 기왕의 질환이 수술로 인한 후유장해의 정도나 지속기간에 영향을 줄 수 있는 것으로 보이는 점

(2) 추간판 탈출증의 경우 수핵 제거 수술을 받더라도 일부 증세가 호전되지 않는 경우가 있을 뿐만 아니라 수술 이후 재발율이 8% 정도에 달하는 등 수술 자체에 위험성이 내재되어 있는 점

다. 손해배상책임의 범위

(1) 청구금액: 109,714,618원

(2) 인용금액: 59,761,102원

- 총 46,761,102원: {49,727,782원(30,418,349원 + 5,936,780원 + 25,804,599원) × 80% − 2,966,680원}

= 일실수입: 30,418,349원

= 기왕 치료비: 5,936,780원

= 향후 치료비: 25,804,599원

= 공제: 2,966,680원[3]

- 위자료: 13,000,000원

4. 사건 원인 분석

수술 시행하기 4년여 전부터 요통으로 치료를 받아오던 환자가 제4−5번 요추

---

3) 2,446,650원(피고가 원고에게 손해배상금의 일부로 송금함) + 520,030원(피고가 지급한 ○대학교 치료비 중 20%).

사이의 수핵이 우측으로 탈출되었다는 진단을 받았다. 감압기치료를 받았음에도 호전되지 않아 제4-5번 요추간 수핵을 절제하는 수술을 받았으나 수술 과정에서 의료진은 환자의 수핵이 우측으로 탈출되었음에도 좌측부분으로 절개하여 좌측 신경근을 견인한 후 좌측 수핵을 절제하였고, 수술 후 환자는 좌측 하지의 마비증상을 호소하여 약물 및 물리치료를 받았음에도 호전되지 않았다. MRI 및 CT 검사 결과 제4-5번 요추간 수핵이 수술 전과 반대로 좌측으로 탈출되었고 좌측 신경이 압박된 상태여서 타 병원에서 재수술을 받았고, 현재 재활치료를 받고 있으며 운동제한과 좌하지 제1족지의 신전 운동능력의 약화, 좌측 4-5번 요추 신경근 영역의 감각 저하를 보이고 있다. 이 사건과 관련된 문제점 및 원인을 분석해본 결과는 다음과 같다.

첫째, 환자의 수핵이 우측으로 탈출되었다고 진단하였음에도 의료진은 좌측 부분을 절개하여 좌측 신경을 견인하고 좌측 수핵을 절제하여, 수술 전과는 반대방향인 좌측으로 수핵이 탈출되었다. 자문위원은 최근 의료기관 평가가 강화되면서 수술부위, 좌우구별의 의무가 강조되고 있으나 상하지의 경우 표기가 쉬운 반면 디스크 증상의 경우는 표기도 용이하지 않아, 의료진의 주의가 각별히 요망된다고 하였다. 또한 의료현장에서는 수술 전 time out이나 수술 부위 표시나 마취 전 환자에게 다시 확인하는 방법 등을 활용하여 수술 부위를 여러 차례 확인하고 있다고 하였다.

둘째, 환자가 마비증상을 보이면 즉시 CT나 MRI검사를 시행한 후 치료방법을 결정해야함에도 의료진은 2006. 12. 19. 수술 당일부터 환자가 계속하여 좌측 하지 방사통과 좌측 하지의 마비증상을 호소하였으나 이에 대한 조치로 MRI검사를 시행하지 않고 약물 및 물리치료를 시행하였고 2007. 1. 4.에서야 MRI검사를 시행하였다. 수술 전에 없었던 증상이 수술 후 발생한 경우라면 이에 대한 원인을 찾기 위한 즉각적인 MRI, myelo-CT 등의 검사가 필요하다. 경우에 따라서는 MRI등 영상 검사로도 확실치 않은 경우가 있는데, 마비 등 심각한 신경증상이 있고 호전을 보이지 않는 경우는 혈종이나 각종 신경근 압박의 가능성이 있으므로 수술 후 2, 3일 내에 수술 부위를 확인함이 바람직하며, 이 경우 약물이나 물리치료는 특별한 도움이 되지 않는다고 한다(〈표-3〉 참조).

〈표 3〉 원인분석

분석의 수준	질문	조사결과
왜 일어났는가? (사건이 일어났을 때의 과정 또는 활동)	전체 과정에서 그 단계는 무엇인가?	– 수술 방법 선택 – 수술 전 설명 단계 – 수술 후 관리 단계
가장 근접한 요인은 무엇이었는가? (인적 요인, 시스템 요인)	어떤 인적 요인이 결과에 관련 있는가?	• 의료인 측 – 수술 방법 선택 – 수술 후 관리
	시스템은 어떻게 결과에 영향을 끼쳤는가?	

5. 재발 방지 대책

원인별 재발방지 사항 제안은 〈그림 3〉과 같으며, 각 주체별 재발방지 대책은 아래와 같다.

〈그림 3〉 판례 3 원인별 재발방지 사항

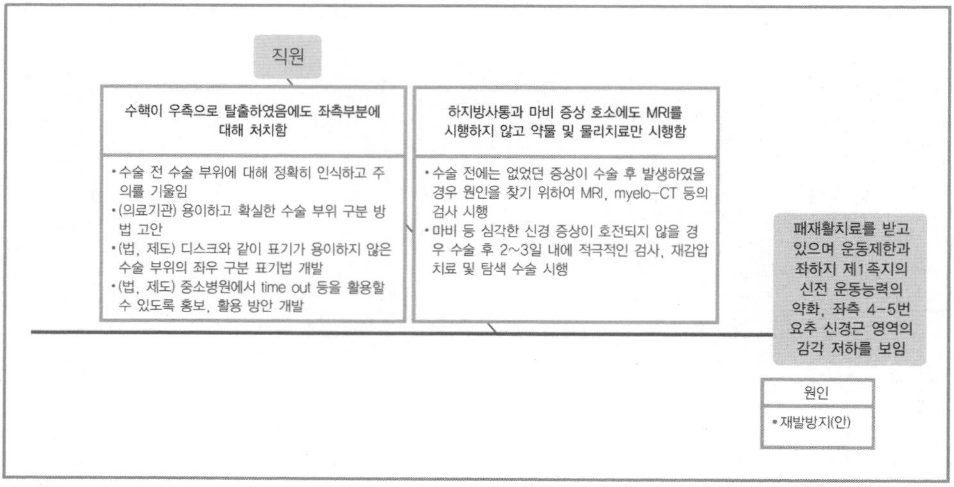

(1) 의료인의 행위에 대한 검토사항

좌우 등 정확한 수술부위에 대한 시행을 위해 수술 전에 수술 부위에 대한 정확한 인식과 판단, 점검이 필요하다. 또한 환자에게 수술 전에 없었던 신경학적 증상이 수술 후 발생하였을 경우 원인을 찾기 위한 MRI, myelo-CT 등의 검사를 시행하여야 한다. 만일 마비 등 심각한 신경 증상이 호전되지 않은 경우 수술 후 2~3일 내에 적극적인 검사를 시행하고 재감압 치료 및 탐색 수술을 시행하여야 한다.

(2) 의료기관의 운영체제에 관한 검토사항

수술 부위의 혼동을 감소시키기 위하여 용이하고 확실한 수술 부위의 구분 방법을 고안해야 한다.

(3) 학회·직능단체 차원의 검토사항

디스크와 같이 표기가 용이하지 않은 수술 부위의 좌우 구분을 위한 적절한 표기법을 개발하고 이를 각 의료기관에서 활용할 수 있도록 홍보하여야 한다. 또한 현재 사용되고 있는 time out 등의 방안들을 중소병원에서도 활용할 수 있도록 홍보하고 각 병원에서 적용시킬 수 있는 방안을 마련하여야 한다.

┃참고자료┃   사건과 관련된 의학적 소견[4]

1) 추간판 탈출증은, 수핵을 싸고 있는 섬유륜의 내측 또는 외측 섬유가 파열됨으로써 수핵의 일부 또는 그 전부가 파열된 부위 사이로 돌출되어 척수의 경막이나 신경근을 압박하고, 그 결과 요통 및 신경증상을 유발하는 질환이다.

2) 추간판 탈출증의 수술적 치료는 추궁판의 일부 또는 전부를 제거한 다음 신경근을 확인한 뒤 신경근을 중앙부로 젖히고 돌출된 수핵을 제거하는 방법으로 이루어진다.

3) 수핵 제거 수술 부위의 신경이 손상되거나 혈종이 형성될 경우 수술 직후부터 하지의 위약 현상과 통증이 나타날 수 있다.

4) 추간판 탈출증의 수술 성공률은 96% 이상이고, 수술 이후 추간판 탈출증의 재발률은 8% 정도, 재발 발생 시기는 수술 후 평균 8년 정도로 알려져 있다.

---

4) 해당 내용은 판결문에 수록된 내용임.

판례 4. 키를 늘이기 위한 일리자로프 외고정술 과정에서 부적절한 시술로 좌측 하지 경골 골절 등이 나타난 사건_부산지방법원 2008. 8. 22. 선고 2007가합10026 판결

1. 사건의 개요

17세 여성이 키를 늘이기 위한 일리자로프 외고정술을 받은 후 뼈가 잘 굳어지지 않는 상태에서 외고정장치를 제거하는 부적절한 시술로 우측 하지가 굽어지고 길이가 좌측보다 짧아졌으며 2차 수술 후에도 좌측 하지경골이 골절된 사건이다[부산지방법원 2008. 8. 22. 선고 2007가합10026 판결]. 자세한 사건의 경과는 다음과 같다.

날짜	사건 개요
2002. 11. 7.	• 17세인 2002년까지 신장이 150.5cm에 불과하여 피고가 진료 시행(환자 1985. 2. 10.생, 사고 당시 19세 7개월, 여자)
	• 하지연장술인 일리자로프 외고정술 시술하기로 함
2002. 11. 15.	• 양측 하지 절골술(折骨術) 및 일리자로프 외고정술 시술
그 후	• 통원치료 받음
2003. 7. 21.	• 우측 경골(정강이뼈) 불유합이 있어 우측 경골 부위에 다른 사람의 뼈와 인공뼈를 이식. 좌측 일리자로프 외고정장치 제거 수술 시술 = 양측 하지를 약 6.5cm가량 늘림
2003. 9. 30.	• 우측 일리자로프 외고정장치 제거 수술 시행
2003. 10. 1.	• 우측 하지가 앞쪽 5.5cm, 뒤쪽 4.5cm로 다리가 굽어지고 길이가 1cm 짧아짐
	• 우측 하지 변형이 심해지고 뼈가 부스러짐
2003. 12. 9.	• 우측 경골 관혈정복 금속내고정술 및 골이식술 시술
	• 뼈가 휘어지고 좌측 근위 경골에서 30도의 전방 굴곡변형이 있으며 우측 하지의 길이가 좌측 하지보다 3㎝ 가량 짧아져 좌측 하지에 무리한 힘이 가해져 골절됨
2004. 4. 22.	• 좌측 하지의 골절에 대한 수술 시행. 좌측 경골 교정적절골술 시술 = 금속판과 나사못으로 고정시켜 좌측 하지의 무릎 변형을 교정 • 우측 경골 연장술 등 시술

날짜	사건 개요
2004. 4. 22.	= 우측 하지가 좌측 하지보다 1.1㎝ 짧은 상태가 됨
이후	• 퇴원
	• 우측 경골에 박혀 있던 금속판이 파절됨 • 우측 경골 근위부에서 25도의 전방 각 형성 변형 생김
2004. 9. 24.	• 우측 경골의 파절된 금속판 제거술, 관혈정복 금속내고정술, 골이식술 시술 = 우측 경골 근위부의 변형 교정
이후	• 우측 무릎 뼈의 변형으로 보행 시 양측 무릎의 통증 심함
2006. 4. 14.	• A병원에서 일리자로프를 이용한 우측 하지 무릎 변형교정술 및 좌측 하지보다 1.1㎝ 짧은 우측 하지의 경골 연장술 시술 = 양측 하지의 길이를 동일하게 함
2006. 9. 8.	• 우측 하지 일리자로프 외고정장치 제거 및 좌측 하지에 고정되어 있던 금속판 과 나사못 제거 수술 시행
2006. 11. 28.	• 투시방사선 사진 상 골유합이 진행되고 있고, 하지부동(下肢不同)이 교정되고 있으나, 양측 무릎 관절의 경도의 변형 있는 상태로 추후 관절염이 빨리 생길 수 있다는 소견 보임
이후	• 좌측 하지 경골이 골절됨
2006. 12. 28.	• A병원에서 골절에 대한 치료 시행

2. 법원의 판단

가. 뼈가 굳어지지 않은 상태에서 일리자로프 외고정장치를 제거한 과실 여부: 법원 인정

(1) 환자 측 주장

① 2003. 9. 22. 방사선사진으로 원고의 우측 경골의 골유합이 되지 않아 뼈가 잘 굳어지지 않은 상태를 확인하였으므로 일리자로프 외고정장치를 제거하지 않아야 함에도 2003. 9. 30. 일리자로프 외고정장치 제거수술을 시술하여 우측 하지가 굽어지고 짧아지게 하였고, ② 굽어지고 짧아진 우측 하지를 치료하기 위하여 2003. 12. 9. 우측 경골 관혈정복 금속내고정술 및 골이식술을 시술하면서도 여전히 우측 하지가 좌측 하지보다 3㎝가량 짧게 하였을 뿐만 아니라 수술로 25㎝나 되는 반흔을 생

기게 하였고, ③ 2004. 4. 22. 좌측 경골 교정적적출술, 우측 경골 연장술을 시술하였음에도 여전히 우측 하지가 좌측 하지보다 1㎝가량 차이가 나도록 한 과실이 있다.

(2) 의료진 측 주장

환자의 하지부동과 하지 변형은 하지연장술시 절골부에서 신연골이 생겨 뼈가 형성되는 과정에서 초래될 수 있는 합병증이거나 원고의 체질로 인한 불유합에 의한 것이거나 충분한 안정기간이 경과하지 않은 상태에서 원고가 무리하게 보행하여 발생한 것이므로 의료진에게는 과실이 없다.

(3) 법원 판단

① 2002. 11. 15. 일리자로프 외고정술 시술 후 원고의 좌측 하지의 뼈는 정상적으로 자랐으나 우측 경골 부위는 뼈가 자라지 않아 불유합 상태에 있었고, 2003. 9. 22. 방사선 사진에서도 우측 경골 연장 부위는 골유합이 되지 않고 뼈가 굳어지지 않는 상태임을 확인할 수 있었음에도 피고가 2002. 9. 30. 일리자로프 외고정장치 제거 수술을 시행한 점, ② 그로 인해 2003. 10. 1.경에는 앞쪽이 6.5cm, 뒤쪽이 6cm이던 원고의 우측 하지가 앞쪽이 5.5cm, 뒤쪽이 4.5cm로 다리가 굽어지고 길이도 1cm 짧아졌으며, 2003. 12. 9. 수술 후에는 우측 하지의 늘린 부분 6.5cm 중 3cm가 줄어든 점, ③ 피고가 2004. 4. 22.경 우측 경골 골연장술 등을 시술하였음에도 여전히 우측 하지가 좌측 하지가 1㎝가량 짧은 상태에 있는 점 등을 고려하여 이로 인한 수차례의 수술로 우측 측관절 부전강직을 발생하게 하였다고 보아 피고의 과실을 인정한다.

나. 금속판 제거술 시행 중 다리를 과도하게 꺾은 과실 유무: 법원 불인정

(1) 환자 측 주장

의료진은 2004. 9. 24. 우측 경골의 파절된 금속판 제거술 등을 시행하면서 무릎 아래와 정강이 부분의 다리를 정상적인 각도인 10도 내외가 되도록 꺾어야 할 주의의무가 있음에도 25도나 되도록 과도하게 꺾은 점 등의 과실이 있다.

(2) 법원 판단

의료진은 2004. 9. 24. 금속판 제거술 등을 시행하면서 무릎 아래와 정강이 부분 다리를 과도하게 꺾은 과실이 있음을 인정할 증거가 없다.

다. 설명의무 위반 여부: 법원 불인정

(1) 환자 측 주장

의료진측은 환자에게 각 수술 당시 수술 내용 및 수술 이후의 예상 상태 등에 관하여 설명하지 않았다.

(2) 의료진 측 주장

의료진은 설명의무를 다하였다.

(3) 법원 판단

의료진이 각 수술 당시 환자에게 수술의 내용과 합병증 및 후유증에 관한 설명을 한 사실을 인정하여 환자들의 주장은 이유 없다.

3. 손해배상범위 및 책임제한

가. 의료진 측의 손해배상책임 범위: 80% 제한

나. 제한 이유

하지연장술은 뼈를 인위적으로 부러뜨린 후 체외 고정기구에 달려있는 막대기의 나사를 이용하여 골절 부분을 벌여 뼈가 생성되도록 하는 방법으로서 그 방법 자체가 다소간의 위험성을 내포하고 있다고 보이고 원고가 그와 같은 사정을 알고 수술을 받은 점 등을 고려하여 피고의 배상 책임의 범위를 80%로 제한한다.

다. 손해배상책임의 범위

(1) 청구금액: 180,857,371원

(2) 인용금액: 95,932,833원

- 총 70,932,833원: (32,012,979원 + 7,818,719원 + 47,843,244원 + 991,100원)×80%

= 일실수입: 32,012,979원

= 기왕치료비: 7,818,719원

= 향후치료비: 47,843,244원

= 개호비: 991,100원

- 위자료: 25,000,000원

4. 사건 원인 분석

키가 작아 내원하여 일리자로프 외고정술을 받은 환자가 수술 후 우측 경골 부위가 불유합 상태이며 뼈가 잘 굳어지지 않는 상태였음에도 의료진이 일리자로프 외고정장치를 제거하였다. 그 후 우측 하지가 굽어지고 길이가 좌측보다 짧아졌으며 골절이 발생하였다. 이에 대해 수차례의 수술을 시행하였고 결국 타병원에서 짧은 우측 하지에 대해 경골 연장술 등을 시행하여 양측 하지의 길이를 동일하게 하는 등 치료를 받았다. 이 사건과 관련된 문제점 및 원인을 분석해본 결과는 다음과 같다.

환자는 2003. 7. 21.우측 경골 부위가 불유합 상태이며 뼈가 잘 굳어지지 않는 상태임을 확인하여 일리자로프 외고정장치를 제거하지 말아야 함에도 2003. 9. 30.에 제거 수술을 시행하였다. 방사선 결과에서 신연부위의 충분한 골유합이 얻어졌을

〈표 4〉 원인분석

분석의 수준	질문	조사결과
왜 일어났는가? (사건이 일어났을 때의 과정 또는 활동)	전체 과정에서 그 단계는 무엇인가?	-수술 전 진단 단계(일리자로프 외고정장치를 제거하지 말아야함에도 제거 수술을 시행) -수술 전 설명 단계(일리자로프 골연장술 시행 시 발생할 수 있는 합병증과 골유합이 더딜 경우 다른 수술이 추가 될 수 있음에 대한 설명 미흡)
가장 근접한 요인은 무엇이었는가? (인적 요인, 시스템 요인)	어떤 인적 요인이 결과에 관련 있는가?	•의료인 측 -수술 선택 오류 -수술 전 설명 미흡
	시스템은 어떻게 결과에 영향을 끼쳤는가?	

때 외고정 장치를 제거하게 되는데, 환자의 경우 일리자로프 제거 후 골단축과 변형이 일어난 점으로 보아 골유합이 충분이 이뤄지지 않은 상태에서 제거된 것으로 추정된다. 일리자로프를 이용한 사지 연장술에서 양측 하지가 모두 불유합 및 추가 수술 후에도 각종 합병증이 발생 후 변형이 남은 것으로 보아 본 환자의 담당 의료진의 경험이나 치료 능력이 부족한 것으로 생각된다. 또한 골 대사장애, 골 이형성증, 내분비계 이상 등이 있는 환자에게는 일리자로프 외고정술에 시행 시 위험도가 크고, 단순히 키를 늘이고자 할 때에는 신중한 적용이 필요하다고 한다(〈표 4〉 참조).

5. 재발 방지 대책

원인별 재발방지 사항 제안은 〈그림 4〉과 같으며, 각 주체별 재발방지 대책은 아래와 같다.

〈그림 4〉 판례 4 원인별 재발방지 사항

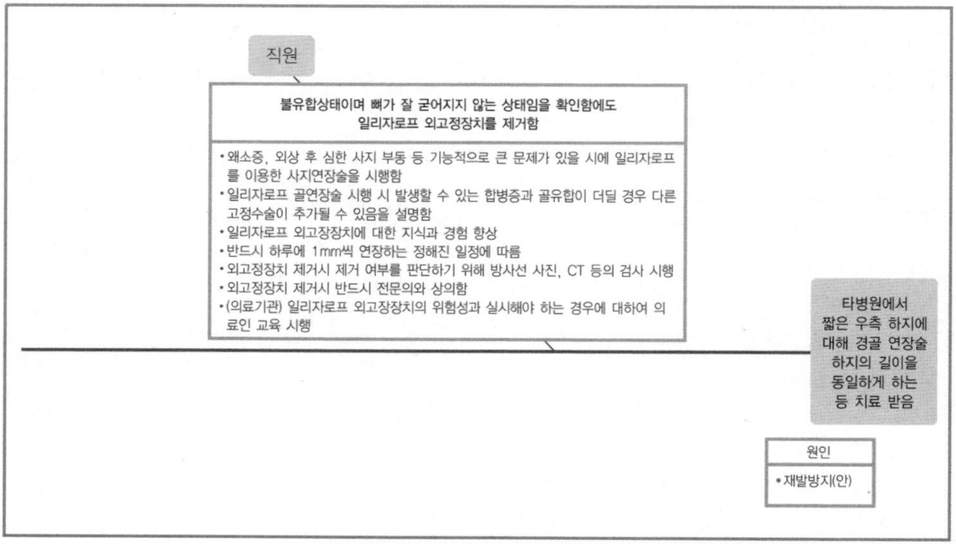

(1) 의료인의 행위에 대한 검토사항

의료인은 왜소증, 외상 후 심한 사지 부동 등 기능적으로 큰 문제가 있을 시에만 일리자로프를 이용한 사지연장술을 시행하고, 수술 전에 발생할 수 있는 합병증과 필요한 경우 다른 수술이 추가될 수 있음을 설명하여야 한다. 의료인은 일리자로프 외고정장치에 대한 지식과 경험을 쌓아야 하며, 반드시 정해진 일정에 따라 치료를 진행하여야 한다. 외고정장치 제거 시에는 방사선 사진, CT 등의 검사를 시행하고 전문의와 상의하여 제거여부를 판단하여야 한다.

(2) 의료기관의 운영체제에 관한 검토사항

일리자로프의 위험성과 필요성에 대하여 의료인에게 교육을 시행하여야 한다.

| 참고자료 | 사건과 관련된 의학적 소견[5]

(1) 하지연장술

하지연장술은 양쪽 다리의 길이 차이가 많이 나거나 심한 성장장애가 있는 경우 짧은 다리를 늘려 주는 수술로서 현행 연장술의 주종은 신연골형성술(伸延骨形成術, distraction osteogenesis)이다. 이는 절골술을 이용하여 다리뼈를 중간에서 분리시킨 뒤 절골술로 손상된 미세혈류가 회복될 수 있도록 일정기간의 잠복기를 지낸 후 분리시킨 부분을 서서히 잡아당기면 분리된 부분에서 뼈가 생기며 늘어나는 원리에 의한 것으로 시술골에 특수 고안된 골외고정장치를 부착하고 절골술을 가하고, 5~14일의 휴식기를 거친 후 절골 부위를 수 차례에 나누어서 하루에 0.5㎜~1㎜씩 연장하고, 골편이 목표길이 만큼 벌어지면, 그 간격에 형성되는 골 조직이 성숙될 때까지 기다렸다가 골외고정장치를 제거하는 방법이다. 하지연장술시 분리한 뼈를 고정시키는 방법으로는 외고정기와 내고정기가 있다. 외고정기로는 일리자로프기기와 다양한 편측성 외고정기가 있고 내고정기로는 길이가 늘어날 수 있는 금속정이 있다. 하지연장술의 경우 발생할 수 있는 합병증으로는 대개 늘어나는 뼈의 길이만큼 신경, 근육, 혈관, 관절 등의 연부조직이 늘어나지 못함으로 인한 근육구축이나 근력약화, 신경학적 증상(삽입한 핀에 의한 직접적인 신경손상, 너무 빠른 연장 속도에 따른 신경 손상, 다리의 근육·혈관 및 신경 등을 싸고 있는 막의 안쪽 압력이 높아져서 발생되는 구획증후군에 따른 신경손상), 혈관 손상(삽입한 핀에 의한 직접적인 혈관 손상, 너무 빠른 연장 속도에 따른 혈관 손상, 구획증후군에 따른 혈관 손상, 심부 정맥 혈전증), 관절구축, 관절아탈구나 탈구, 목표가 도달하기 전에 뼈가 굳는 경우, 늘어난 뼈가 천천히 경화되어 고정기간이 늘어나게 되거나 뼈가 붙지 않는 경우, 골연장 부분의 골형성이 지연되는 경우 하지의 변형, 외고정기 사용 시 핀 삽입부의 감염, 정신적인 부담으로 인한 우울증 등이 있을 수 있다.

(2) 일리자로프 외고정술

구 소련 연방 정형외과 의사인 일리자로프가 고안한 체외 고정기구를 착용하는 방법으로 길이를 늘이고 줄이는 것이 자유롭고, 휘어진 다리의 교정도 가능하며, 치료 중뼈 속에 세균 감염 등을 일으킬 염려도 거의 없는 등의 장점이 있다. 키를 늘리고자 하는 뼈의 바깥에 원통형으로 생긴 금속제 외고정장치를 장착한 후뼈의 넓은 부분을 부러뜨려서 체외 고정기구에 달려 있는 막대기의 나사를 이용하여 하루에 0.25mm씩(1mm를 2~4번에 나눠) 늘리는 방법이다.

---

5) 해당 내용은 판결문에 수록된 내용입니다.

이렇게 하면 늘리는 부분에서 뼈가 자라나고, 신경, 혈관 및 근육 등도 함께 늘어난다. 새로 생긴 조직이 정상적으로 되는 기간과 물리치료 기간까지 포함하면 1㎝당 한 달여 정도의 치료기간이 필요하며, 뼈가 길어진 뒤에도 다시 단단해질 때까지 약 5개월 정도 고정장치를 하고 물리치료를 받아야 한다.

판례 5. 수술 전 관찰 및 검사미비와 수술과정 중 과실로 패혈증으로 인한 심실세동으로 사망한 사건_창원지방법원 2009. 12. 10. 선고 2008가합3138 판결

1. 사건의 개요

63세 남자 환자는 취중 넘어진 어깨통증으로 내원하여 치료를 받았지만 호전되지 않아 전원되었지만 결국 패혈증으로 인해 심실세동이 발생하여 사망한 사건이다[창원지방법원 2009. 12. 10. 선고 2008가합3138 판결]. 이 사건의 자세한 경과는 다음과 같다.

날짜	시간	사건 개요
2007. 6. 16.		• 취중에 넘어져 어깨를 부딪침(환자 1944년생, 사고 당시 63세, 남성, 167cm, 63kg, 피고병원에서 고혈압 및 당뇨로 치료받은 경력 있음. 평소 고혈압 및 당뇨 치료약 복용 중임)
2007. 6. 18.	15 : 00경	• 어깨 통증 호소하며 A정형외과 내원
		• A정형외과를 운영하는 정형외과 전문의인 피고 B는 환자에게 약간의 부종과 압통이 있음을 인지함 • 좌측 어깨 전후면 등 방사선 촬영 시행 = 특이 사항 관찰되지 않음. 어깨 좌상으로 진단 = 진통소염제인 메파렌 75mg, 솔레톤정, 근이완제인 유유린락사정, 궤양치료제인 아루사루민정, 소염제인 로시덴겔 등 처방. 온열, 전기 등을 이용하여 어깨부위 물리치료 시행
2007. 6. 19.	09 : 00경	• A정형외과 다시 내원 • 통증 호소 = 메파린 75mg, 로시덴겔, 외용 소염제인 케스펜엘플라스타 처방
2007. 6. 19.		• 물리치료 시행 = 시행 중 다량의 땀과 어지럼증 등을 호소하여 중단 • 3회에 걸쳐 혈압 측정 = 120/70~80mmHg
		• 통증 호소하는 어깨 부위에서 별다른 이상 발견할 수 없음 = 저혈당 증세에 기한 것으로 판단. 내과 진료 권유

날짜	시간	사건 개요
2007. 6. 19.		• 증상이 호전되지 않음
2007. 6. 20.		• C정형외과의원에 내원. 좌측 견관절부 전면 상측부의 부종과 통증 호소
2007. 6. 20.		• 방사선 사진 촬영 시행 = 특이사항 발견되지 않음 • 천자술 시행 = 1~2cc정도의 맑은 삼출물이 관찰됨 = 급성 이두건염 및 관절낭염으로 진단. 입원치료 권유. 입원 • 혈압 110/70mmHg~150/90mmHg사이, 혈당 최저 156~최고 247로 높은 편이었으나 7차례 측정 결과 큰 변동 없이 비교적 안정적으로 유지됨
2007. 6. 21.		• 통증이 완화되지 않고 통증 부위가 몸 아래쪽으로 확산됨 = MRI 등 추가적인 검사를 위하여 피고 병원으로의 전원 권유
	15 : 00경	• 피고 병원에 입원 = 혈압 150/90mmHg, 맥박수 103회/분, 체온 36.5℃, 호흡수 20회/분
		• 저나트륨 증상 있음 = 생리식염수 1L처방
2007. 6. 21.		• 정형외과 과장인 피고 D가 환자의 좌측 어깨 부위의 부종 및 열감, 압통 등을 확인. 어깨 부위의 관절액에서 2cc정도의 고름 나옴 = 항생제 cefotetan과 마이세파 등을 처방
		• 향후 수술에 대비하여 혈액검사, 심장초음파 검사 등을 시행 = 검사 결과 및 진찰 소견으로 왼쪽 견관절 부위의 화농성 관절염 등에 의한 패혈증으로 진단
	15 : 24	• 수혈검사, 일반혈액검사 시행
	15 : 25	• 혈액화학검사 시행
	16 : 05	• 일반화학검사, 면역혈청검사, 혈액응고검사 시행
		• 각 검사 결과 백혈구 수치 18,150, 적혈구 침강속도 92mm/hr, C반응 단백 수치 23.32mg/dl, HbA1C 수치 6.8%, 소디움 수치 128.7
	18 : 00경	• 체온 38.3℃, 맥박수 120회/분, 어깨통증 계속됨

날짜	시간	사건 개요
2007. 6. 21.		= cefotetan 처방을 vancomycin1.0g IV로 변경
		• 다음날 오후에 관절 내시경 세척술 및 배농 수술 시행하기로 결정. 금식 등 지시
	20:00경	• 혈압 120/70mmHg, 맥박수 100회/분, 체온 36.4℃
2007. 6. 21.	21:30경	• 혈당 173mg/dl
2007. 6. 22. (금)	02:30경	• 혈당 112mg/dl
	07:00경	• 하트만 용액 1L 처방
	08:30경	• 통증 및 부종, 압통 등이 악화되어 있음 • 환자가 빠른 시간 내 수술을 원하여 응급 수술 결정
	13:40경	• 보호자에게 환자의 상태, 수술의 필요성 등에 대하여 설명함. 수술 동의 받음
	13:50경	• 맥박수 106회/분, 체온 37.2℃, 혈당 143mg/dl
	수술 직전	• 맥박수 105회/분, 호흡수 20회/분, 혈압 120/60mmHg
2007. 6. 22.	14:00경	• 관절 내시경 세척술 및 배농수술 시작 • 마취통증의학 과장인 피고 E가 마취 유도를 위해 프로포폴 120mg 정맥주사, 하트만 용액 1L 투여
	14:15경	• 흡입마취제 포란 1% 사용하여 마취상태 유지 • 수축기 혈압 100mmHg 미만으로 감소. 맥박 수 상승
2007. 6. 22.	14:20경~ 15:50경	• 피고 D 집도하에 관절 내시경 세척술 및 배농수술 시행 = 어깨 관절 후방 부위를 1cm가량 절개 후 관절경을 삽입하여 관절액 약 15cc를 뽑아내 균배양검사 의뢰 = 어깨 관절 전방 부위 1cm가량 절개 후 염증 조직 제거, 생리식염수 이용하여 관절 세척
	14:35경	• 피고 E가 혈압상승제인 에페드린 5mg씩 2회 투여
	14:55경	• 하트만 용액 1L 투여
	15:00경까지	• 수축기 혈압이 지속적으로 감소. 맥박수 130 ~ 140회/분으로 상승
	15:00경	• 수축기 혈압 상승
	15:05경	• 하트만 용액 1L 투여
	15:15경	• 수축기 혈압 100mmHg

날짜	시간	사건 개요
2007. 6. 22	15 : 40경	• 수축기 혈압 감소하기 시작
	15 : 45경	• 수축기 혈압 100mmHg 이하로 감소. 맥박수 감소하기 시작
	15 : 55경	• 피고 E가 기관지확장제인 아미노필린 투여
	16 : 00경	• 피고 E가 혈압상승제인 도파민 투여
	16 : 05경	• 피고 E가 혈압상승제인 도부타민 투여
	16 : 10경	• 혈압 및 맥박수 급격히 감소하기 시작
		• 심실세동 현상이 나타남 = 피고 E가 심폐소생술과 전기충격기를 이용한 전기충격 등 시행. 하트만 용액 투여 • 상태 호전되지 않음
	16 : 50경	– 중환자실로 옮김
	20 : 20경	• 심폐소생술 시행 • 심장마사지를 하면 심장이 조금씩 뛰다 심장마사지를 멈추면 심장이 멈추는 현상이 반복됨
		• 피고 D가 심폐소생술 시작하며 보호자에게 환자의 상태가 위중함을 알림. 환자의 가족들이 환자의 상태 확인함
		• 피고 D가 다시 전기충격기를 이용한 전기충격 시도 = 별다른 반응 나타나지 않음. 심정지상태 계속됨
	21 : 00경	• 환자의 가족들이 심장마사지 중지 요청함 • 심장이 뛰지 않는 상태에서 인공호흡기에 의해 호흡만 유지됨
2007. 6. 23.	00 : 33경	• 가족들의 요청에 따라 기관 내 튜브와 인공호흡기 제거 • 사망
2007. 6. 25.		• 사망진단서 작성 = 선행사인 좌측 화농성 견관절염, 중간 선생사인 패혈증, 직접사인 심실세동으로 기재
2007. 7. 19.		• 부검감정서 작성 = '왼쪽 견관절 부위에 발생한 괴사를 동반한 화농성 근막염(괴사성 근막염)으로 패혈증 발생, 이에 대해 관절경적 절개, 배농, 세척술을 시행하였으나 수술 이후 심실성 빈맥이 발생하여 사망에 이르게 된 것으로 보는 것이 합리적일 것이라 생각됨'이라고 기재

2. 법원의 판단

가. 피고 B의 의료 상 과실 여부: 법원 불인정

(1) 환자 측 주장

부검 결과 사인인 좌측 견관절 부위의 화농성 관절염 등은 좌측 어깨 부위의 직접 감염에 의해 발생하였는데, 부검시 피고 병원에서의 외과 수술 흔적 외 표피가 박탈하였다거나 좌열창 증상은 나타나지 않았고 환자가 진료 받은 각 병원의 진료기록부에도 어깨에 표피박탈 등의 손상은 없는 것으로 기재되어 있어 환자의 감염은 피부 손상에 의한 감염이 아니고, 치료과정에 비추어 화농성 관절염은 병원에 내원하기 전부터 발생한 것으로 보여 결국 피고 B의 약물 투여 등 의료행위로 인해 어깨 부위에 화농성 관절염 등이 발생한 것이다.

(2) 법원 판단

① C병원에서 화농성 관절염 등이 어깨 통증의 원인일 가능성을 고려하여 천자술을 시행하였으나 1~2cc정도의 맑은 삼출물이 관찰되었을 뿐 별다른 화농을 발견하지 못한 점, ② C병원에서는 환자의 증상을 급성 이두건염 및 관절낭염으로 진단하고, 근육이완제, 소염제, 부종제거제, 진통제 등을 투여하였을 뿐 달리 농 배출시 고려될 항생제 등을 처방하지 않은 점, ③ 피고 B는 성인의 경우 1일 1회 75mg(1앰플)을 둔부의 상부 한 쪽편에 깊숙이 근육주사로 투약하여야 하는 메파렌 75mg을 둔부에 근육주사하였고 이는 사인인 왼쪽 어깨 부위의 직접감염과는 관련성이 없는 점, ④ 괴사성 근막염을 일으킬 수 있는 외부적 인자로는 피부의 자상 및 찰과상, 주사침상 등이 있으나 뚜렷한 원인 인자를 찾지 못하는 경우도 상당한 점 등을 고려하면 C병원에 내원하기 전에 이미 괴사성 근막염 등이 발생하였다고 단정할 수 없고, 피고 B의 약물투여나 물리치료 과정에서 주의의무 위반을 인정할만한 증거가 없어 의사의 주장을 인정하지 않는다.

나. 피고 병원, 피고 D, 피고 E의 수술 전 과실 여부: 법원 인정

(1) 환자 측 주장

환자가 피고 병원에 내원할 당시 이미 화농성 관절염으로 인한 패혈증이 진행되어 응급 수술이 필요한 상태였으므로, 패혈증의 진행 정도를 파악하기 위해 주기적으로 활력징후를 관찰하고 혈액검사를 시행하였어야 함에도 이를 소홀히 하였고, 혈압과 나트륨 수치가 감소하고 있었음에도 이를 교정하기 위한 적절한 조치를 취하지 않은 채 수술을 시행하였다고 주장한다.

(2) 의료진 측 주장

의료진은 당시 환자의 상태가 심각하여 수술 외에 다른 조치를 취할 시간적, 공간적 조건이 되지 않아 입원 시 혈액검사를 거친 후 즉시 수술을 시행하게 되었고 피고 D는 망인의 저나트륨 증상을 파악한 후 입원 시 생리식염수를 처방하고 다음날 06 : 00경 나트륨 성분 면에서 생리식염수와 유사한 하트만 용액을 처방하는 등 수액을 보충하는 조치를 취하였다.

(3) 법원 판단

① 환자가 피고 병원에 내원할 당시 활력징후 및 혈액검사결과 등에 비추어 화농성 관절염에 의한 패혈증으로 진단받았고, 이후 활력징후가 더 나빠지고 기존 처방하였던 항생제는 효과가 나타나지 않았던 증상들은 패혈증의 진행으로 볼 수 있으며 특히 2007. 6. 21. 18 : 00경 환자의 활력징후는 내과적 응급상황인 점, ② 패혈증이 진행되고 있는 환자의 경우 진행정도의 확인을 위하여 통상적으로 하루 1~2회 정도 추적 혈액검사를 시행하나, 피고 병원은 환자의 내원 시 시행하였던 혈액검사를 제외하고 2007. 6. 22. 13 : 55경 수술 시작 전까지 패혈증의 진행정도를 확인하기 위한 혈액검사를 시행하지 않은 점, ③ 피고 D가 3차례 환자의 활력징후를 관찰하였으나 이 중 2번은 혈당만을 측정한 점, ④ 혈액검사 결과 소디움 수치가 정상치보다 낮게 나타나 이를 보충하기 위한 적절한 조치를 취해야 함에도 입원 당일과 다음날 07 : 00경 생리식염수 1L와 하트만 용액 1L를 처방하였을 뿐 상태 호전 여부를 관찰하거나 증상 완화를 위한 지속적 조치나 적극적 치료방법을 모색하지 않은 점, ⑤ 평소 환자의 고혈압 등을 감안하면 당시 환자의 혈압은 상당히 낮은 수치였음에도 혈압 저하에 대한 특별한 조치를 취하지 않은 점 등을 고려하여 피고 D는 활력징후 및 주기적인 혈액 검사 등을 통한 패혈증의 진행 정도를 파악하여 치료 시점을 결정하여야 함에도 이를 소홀히 하여 환자의 정확한 신체상태를 파악하지 못하여 적절한 조치를 취하지 못하였음을 인정한다. 환자의 활력징후를 면밀히 관찰하여 적절한 마취

시술 및 관리가 이루어졌다면 패혈성 쇼크로 진행되는 것을 막을 수 있었다고 보여 의료진의 과실과 환자의 사망 사이의 인과관계도 인정한다.

다. 수술 지연의 과실 여부: 법원 인정

(1) 환자 측 주장

피고 병원에 입원 당시 내과적 응급상태였음에도 의료진들은 만연히 수술을 지체하여 수술 도중 환자를 사망에 이르게 하였다.

(2) 의료진측 주장

환자의 보호자에게 수술 일자를 알리고, 보호자가 피고 병원에 도착한 즉시 환자의 상태 및 수술의 위험성 등을 설명한 후 바로 수술을 시행하였기 때문에 수술이 지체되지 않았다.

(3) 법원 판단

① 2007. 6. 22. 08 : 30경 환자의 상태를 확인한 결과 통증 및 부종 등이 악화되었고, 환자 역시 빠른 시간 내 수술을 원하여 응급수술을 결정한 점, ② 환자의 수술 재촉에도 피고 병원 의료진은 보호자의 동의서 제출을 요구하며 수술을 즉시 시행하지 않은 점, ③ 2007. 6. 22. 13 : 40경 보호자가 피고 병원에 도착하여 동의서를 작성한 후에야 수술이 시작된 점 등을 고려하면 급속히 사망할 수 있는 패혈증의 경우 항생제 투여 및 감염된 국소부위에 대한 조기 처치가 환자의 성공적 치료를 위한 가장 필수적 조치이며 항생제 처방만으로는 환자의 상태가 호전되지 않아 환자의 감염 부위에 대한 수술이 시급히 요구되는 상황이었음에도 수술을 지연시킨 과실이 있음을 인정한다. 수술 동의서의 작성 주체는 환자 또는 대리인으로 환자는 스스로 응급수술 여부를 결정할 정도의 의사능력이 있어 환자의 명시적 의사가 있음에도 수술동의서를 이유로 수술을 지체한 행위는 상당성이 없어 의료진의 주장을 인정하지 않는다.

화농성 관절염 등의 진단이 어렵고 패혈증의 진행으로 인한 쇼크 발생 시 사망률이 높다고 하더라도, 환자에게 조기에 적절한 수술을 실시하여 그 후유증을 최소화하였다면 보다 나은 예후를 기대할 수 있고 생존율을 높일 수 있었을 것이므로 피고들의 과실과 환자의 사망 사이 인과관계를 인정한다.

라. 수술 과정상의 과실 여부: 법원 인정

(1) 환자 측 주장

당시 환자에게 패혈증이 상당히 진행되고 있었으므로 피고 E는 이를 고려하여 마취해야 하고 마취 후 수술 및 마취약제에 따른 변화를 관찰하여 환자의 상태 변화에 따라 적절히 체내에 수액을 보충하거나 혈압상승제를 투여하였어야 함에도 이를 소홀히 하였다.

(2) 의료진 측 주장

마취 유도 시 환자에게 심각한 저혈압 소견은 보이지 않았고 적은 용량을 투여하는 경우 충분한 마취가 이루어지지 않아 오히려 빈맥을 유발할 염려가 있어 프로포폴 120mg을 투여하였고, 피고 E는 환자에게 적절한 수액을 투여하고 혈압상승제인 에페드린을 사용하여 혈압을 어느 정도 유지시켰으나 당시 환자의 맥박수가 너무 빨라 조기에 도파민 등을 투여하는 경우 심실세동 등을 유발할 우려가 있어 2007. 6. 22. 15 : 50 맥박수가 안정을 보인 후 도파민 등을 투여하였다.

(3) 법원 판단

① 프로포폴을 마취 유도용으로 사용할 경우 55세 미만의 성인에게 체중 1kg당 1.5~2.5mg을 투여하며, 55세 이상인 경우 이보다 감량하여 투여하므로 환자의 체중(67kg)을 기준으로 프로포폴의 용량을 계산하면 100.5mg/kg~167.5mg/kg로 산정되고 환자의 나이 등을 고려하면 이보다 더 감량된 양을 사용하여야 하는 점, ② 체중 1kg당 프로포폴 2~2.5mg 투여시 25~40%의 수축기 혈압 하강 효과를 가져오므로 패혈증에 의한 저혈압 상태를 보이고 있던 환자에게 프로포폴 120mg 사용 시 심혈관계 불안정을 더욱 심화시킬 가능성이 있는 점, ③ 수축기 혈압이 떨어지는 등 환자의 심혈관계 불안상태가 지속된 점, ④ 환자의 혈압이 떨어지고 상당시간이 경과한 14 : 35경에야 에페드린 5mg을 2회 투여한 점, ⑤ 환자의 신체 활력 징후상 심각한 문제가 발생하여 승압제 투여 등의 신속한 조치가 요구되었던 점, ⑥ 16 : 00경 승압제인 도파민, 16 : 05경 도부타민을 투약하였으나 별다른 호전이 없었고 16 : 10경 환자의 혈압과 맥박은 급격히 감소한 점, ⑦ 패혈증에 의해 빈맥현상 등이 발생한 경우 적극적으로 심혈관계 불안정성에 대해 대비하고 마취수술을 진행하여야 하는

점 등을 고려하여 피고들은 환자의 혈압 저하에 대비하였어야 함에도 이를 소홀히 한 과실을 인정한다.

마. 수술 전 충분한 수액 보충과 불필요한 약물 투여 과실 여부: 법원 불인정

(1) 환자 측 주장

피고 E 등이 수술 전 충분한 수액 보충을 하지 않았으며 불필요한 아미노필린을 사용하였다.

(2) 의료진 측 주장

피고 E는 환자에게 투여한 아미노필린은 기도 폐쇄장애 등의 치료에 사용되며 당시 망인의 기도 내 분비물이 증가하여 이를 투여하였다.

(3) 법원 판단

피고 E는 전신마취를 시작하며 환자에게 하트만 용액 1L를 지속적으로 투여하였고, 40여분 경과 후 하트만 용액을 교체한 사실을 인정하며, 하트만 용액과 생리식염수는 유사한 효능을 보이는 점, 약물 투여사실만으로는 과실이 있다고 할 수 없는 점 등을 고려하여 환자의 주장을 인정하지 않는다.

바. 설명의무 위반 여부: 법원 불인정

(1) 환자 측 주장

피고 D가 환자의 보호자 및 가족들에게 환자의 상태와 수술에 관한 정확한 설명을 하지 못한 과실이 있다.

(2) 법원 판단

피고 D는 환자에게 화농성 관절염으로 인한 패혈증의 진행정도와 그 위험성, 전신마취의 위험성 및 사망 가능성 등에 관하여 설명하여 환자에게 수술을 받을 것인지 여부를 선택할 수 있도록 할 의무가 있다. 피고 D는 환자의 보호자에게 환자의 현재 상태 및 수술의 필요성과 수술로 인한 사망가능성에 관하여 설명한 사실을 인정하여 환자 측의 주장을 인정하지 않는다.

사. 대한민국에 대한 사망보험금 지급 여부: 법원 인정

(1) 환자 측 주장

의료진의 의료과실이 환자의 사망 시까지 연속적으로 이루어져 토요일인 2007. 6. 23. 00 : 33에 환자가 사망하게 되었고, 이는 보험 계약상 "휴일에 발생한 재해"에 해당되며, 휴일에 발생한 재해가 아니라고 하더라도 의료진의 과실로 환자가 사망하였으므로 대한민국은 이에 휴일재해사망보험금 또는 평일재해사망보상금으로 보상해야한다.

(2) 법원 판단

법원은 의료진의 의료상 과실로 인하여 환자가 사망하였고, '외과적 치료 중 환자의 재난'에 해당함을 인정하며, 피고들의 과실은 금요일인 2007. 6. 22. 15 : 00경부터 17 : 00경까지 피고 병원의 수술실에서 환자에 대한 관절 내시경 세척술 및 배농 수술이 진행되던 과정에서 발생한 것으로 보이고, 적어도 환자의 심정지 상태를 확인하고 환자를 중환자실로 옮긴 2007. 6. 22. 20 : 20경 이후로는 피고들의 과실이 개입되었다거나 달리 피고들의 심폐소생술 시행 등 과정에서의 주의의무위반을 인정할 증거가 없어 의료진의 과실로 인한 환자의 사망은 평일에 발생한 재해로 인정한다.

3. 손해배상범위 및 책임제한

가. 의료진 측의 손해배상책임 범위: 30% 제한

나. 제한 이유

(1) 환자는 좌측 어깨 통증으로 A정형외과와 C정형외과의원에서 치료를 받았으나 차도가 없자 상당 시간이 경과한 후 피고 병원을 내원하게 된 점

(2) 환자가 피고 병원을 내원 할 당시 이미 화농성 관절염으로 인한 패혈증이 상당 정도 진행되고 있었던 점

(3) 환자에게 고혈압과 당뇨증상이 있었고 이 사건사고 당시 63세로 비교적 고

령이었던 점

    (4) 화농성 관절염, 괴사성 근막염, 패혈증 및 패혈증 쇼크의 증상 및 그 위험성

다. 손해배상책임의 범위

(1) 청구금액: 118,405,713원(68,405,714원 + 49,999,999원)

(2) 인용금액: 54,734,364원

    − 총 4,734,367원: (12,781,226원 + 3,000,000원)×30%

      = 일실수입: 12,781,226원

      = 장례비: 3,000,000원

    − 위자료: 20,000,000원

    − 평일재해사망보험금 : 29,999,998원

4. 사건 원인 분석

취중에 넘어져 어깨를 부딪쳐 어깨 통증으로 정형외과 병원에 내원한 환자가 방사선 촬영 결과 특이사항이 관찰되지 않고 어깨 좌상으로 진단받아 진통소염제, 근이완제, 궤양치료제, 소염제 등의 약물치료와 물리치료를 시행 받았음에도 호전되지 않았다. 천자술 시행 결과 맑은 삼출물이 관찰되어 급성 이두건염 및 관절낭염으로 진단받았고 추가 검사를 위하여 타 병원으로 전원하였는데 당시 저나트륨 증상이 있었고 여러 검사 결과 왼쪽 견관절 부위의 화농성 관절염 등에 의한 패혈증으로 진단받았다. 생리식염수 등의 수액 보충과 관절 내시경 세척술 및 배농수술을 시행하였으나 수술 중 혈압이 낮아지고 맥박수가 증가하였고 이에 대한 약물 투여 등의 조치를 취하였으나 맥박수도 감소하더니 결국 심실세동이 발생하여 사망하였다. 이 사건과 관련된 문제점 및 원인을 분석해본 결과는 다음과 같다.

첫째, 환자는 내원 당시 이미 패혈증이 진행되어 응급 수술이 필요한 상태였으므로 패혈증의 진행 정도를 파악하기 위해 주기적으로 활력징후를 관찰하고 혈액검사를 시행하였어야 함에도 2007. 6. 22. 13 : 55경 수술 시작 전까지 패혈증의 진행 정도를 확인하기 위한 추가 혈액검사를 시행하지 않았다.

둘째, 혈압 저하와 소디움 수치가 낮음에도 적절한 조치를 취하지 않고 적극적으로 치료방법을 모색하지 않았다. 정형외과 환자에게 내과적 문제 발생 시 수술을 많이 하는 정형외과 전문병원의 경우 이에 대비하여 내과 혹은 가정의학과 전문의를 초빙, 상근하는 경우가 많다. 그렇지만 수술 건수가 많지 않은 소규모 병원의 경우는 이에 대한 제도적 대비 장치가 없으므로 상황 발생 시 대처가 늦어지기 쉽다는 의견이 있었다.

셋째, 패혈증의 경우 조기 처치가 필수적이며 항생제 처방으로도 상태가 호전되지 않아 수술이 시급히 요구되는 상황이었고 환자 스스로도 수술을 원하였음에도 보호자의 수술 동의서 제출을 요구하며 수술을 즉시 시행하지 않았다.

마지막으로, 환자는 당시 63세로 심혈관계가 불안 상태이므로 더 적은 양의 마취제를 사용하여야 함에도 의료진은 요구되는 양보다 많은 양인 120mg을 투여하였고, 신체 활력 징후 상 혈압이 감소하는 등 문제가 발생하여 승압제 투여의 혈압 저하에 대한 조치를 취하여 함에도 이를 소홀히 하였다(〈표 5〉 참조).

〈표 5〉 원인분석

분석의 수준	질문	조사결과
왜 일어났는가? (사건이 일어났을 때의 과정 또는 활동)	전체 과정에서 그 단계는 무엇인가?	― 진단 및 치료 단계(패혈증 발생에도 혈액검사 미시행) ― 수술 전 설명 단계(보호자의 동의를 받지 못하여 응급수술 지연됨)
가장 근접한 요인은 무엇이었는가? (인적 요인, 시스템 요인)	어떤 인적 요인이 결과에 관련 있는가?	• 의료인 측 ― 진단을 위한 검사 미시행 ― 응급수술 지연
	시스템은 어떻게 결과에 영향을 끼쳤는가?	• 의료기관 내 ― 내과적 문제에 대한 제도적 대비 장치 부재

5. 재발 방지 대책

원인별 재발방지 사항 제안은 〈그림 5〉와 같으며, 각 주체별 재발방지 대책은 아래와 같다.

〈그림 5〉 판례 5 원인별 재발방지 사항

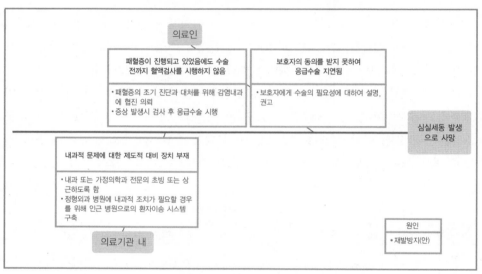

(1) 의료인의 행위에 대한 검토사항

환자에게 패혈증 의심 증상 발생 시 감염내과에 협진을 의뢰하여야 하고, 즉각 적인 검사 후 응급수술을 시행하여야 한다. 또한 응급수술이 필요할 경우 환자 및 보 호자에게 수술의 필요성에 대하여 강하게 설명하고 권고하여야 한다.

(2) 의료기관의 운영체제에 관한 검토사항

수술 건수가 많은 의료기관인 경우, 정형외과 환자에게 내과적 조치가 필요한 경우를 대비하여 내과 또는 가정의학과 전문의를 초빙하거나 상근하도록 하여야 한 다. 또는 내과적 문제가 발생하였을 경우 즉각적인 조치를 위하여 인근 병원으로의 환자 이송시스템을 구축하여야 한다.

┃참고자료┃ 사건과 관련된 의학적 소견[6]

○ 화농성 관절염(Pyogenic Arthritis)

화농성 관절염은 관절 주위 조직에 급성 혹은 만성 염증성 변화를 야기하여 관절을 손상시켜 강직과 기형을 초래하는 질환으로, 항생제를 이용하나 치료와 관혈적 배농술을 원칙으로 하는 치료방법의 확립으로 인하여 조기 진단만 할 수 있으면 관절의 파괴로 인한 강직이나 변형은 경감시킬 수 있다. 감염 경로는 상기도염이나 종기와 같은 원발 병소로부터 혈류를 통해 관절 내로 전파되는 수가 가장 많고 때로는 골수염과 같은 이웃 감염 장소로부터 직접 또는 임파선을 따라 침범되기도·하며 또는 관절강 내에 오염된 천자를 시행했을 때와 같이 직접 균이 관절 내로 들어와 감염될 수 있다. 임상적으로는 심한 동통, 국소 발열, 관절의 종창 및 모든 방향으로의 운동 제한이 있어 조금만 움직여도 심한 동통 등을 야기하는 증상을 보인다. 임상적으로 화농성 관절염이 의심되는 경우 바로 관절천자를 시행하여 세균 검사, 배양검사 및 감수성 검사를 하고 채취된 활액을 분석해보아야 한다. 이때 활액이 심히 탁하거나 농으로 되어있고 점성은 떨어지는 증상 등이 확인되면 원인균에 대한 항생제를 투여하면서 응급으로 관절을 세척한 후 병적 골절을 방지하기 위하여 관절을 안정된 자세에서 고정한 후 지속적으로 관주요법을 시행하여야 한다. 만일 위와 같은 적절한 치료가 시행되지 않는 경우 패혈증 등으로 인한 사망, 관절연골 파괴 등의 합병증이 발생할 염려가 있다.

○ 괴사성 근막염

괴사성 근막염은 비교적 흔지 않으며 근막을 파괴하는 피하조직 감염이다. 사지를 잃거나 사망으로 이어질 수 있으며, 진행 속도가 빠르고 24시간이내에 사망을 초래할 수도 있는 예후가 좋지 못한 치명적 질병이다. 이는 면역반응이 약화된 환자, 정맥내 약물이나 알코올 문제가 있는 사람, 진성 당뇨병, 말초혈관 질병, 악성 종양, 동맥 경화증과 같은 전신 질환이 있는 사람의 경우 걸리기 쉬운 것으로 되어 있다. 수술 후 환자, 화상이나 외상환자(피부천공 등)역시 발병 위험이 높다. 발병 원인균은 다양한데, 베타 용혈성 연쇄상구균, 용혈성 포도상구균, 대장균 장내구균, 녹농균 등이다. 일반인의 15~30%는 증상을 보이지 않으면서 인후나 피부에 A군 연쇄상구균을 보유한다. 따라서 그들은 기침, 재채기 또는 분비물의 직접 접촉을 통해 다른 사람에게 병원체를 전염시킬 수 있다. 피부 침투는 외상, 종이로 베인 상처, 기타 피부 틈새를 통해 이루어집니다. 병원에서는 더러워진 손이 주요 전염 수단일 수 있다. 괴사성 근막염은 사지, 복부벽, 회음부를 가장 많이 침범하는 것으로 되어 있다. 최초 24시간 내의 초기 증상은 본질적

---

6) 해당 내용은 판결문에 수록된 내용임.

인 경미한 상처자리의 국소 통증, 홍반, 종창이다. 1~2일 사이에 발적 동통, 부종이 있는 병소는 급속도로 중심부가 암청색성 변화를 일으키는데 때로는 혈장성 수포를 동반하기도 한다. 4~5일이 지나면 자반성 병소는 괴사를 일으키게 된다.

○ 패혈증 및 패혈성 쇼크

패혈증은 세균이 무균상태의 혈액 속에 들어가 번식하면서 그 생산한 독소에 의해 중독증세를 나타내거나, 전신적인 고열 혹은 저체온증, 백혈구증가증 혹은 백혈구감소증, 빠른 맥, 빠른 호흡, 저혈압 등의 감염증을 일으키는 병이다. 발열 혹은 저체온증, 백혈구증가증 혹은 백혈구감소증, 빠른 맥, 빠른 호흡 등이 전신반응의 주요 증상이며 이를 전신 염증반응증후군 (systemic inflammatory response syndrom, SIRS)이라 한다. SIRS는 감염성 요인뿐만 아니라 비감염성 요인에 의해서도 유발될 수 있다. SIRS를 보이는 환자에서 감염의 증거가 있거나 의심되는 경우를 패혈증으로 정의할 수 있고, 감염 장소로부터 떨어진 장기에 기능 이상이 동반된 패혈증을 중증 패혈증이라 정의하며 중증 패혈증에는 혈압저하와 관류저하가 동반될 수 있다. 혈압저하가 수액투여로도 교정되지 않으면 패혈성 쇼크로 정의한다. 패혈증이 패혈성 쇼크로 진행됨에 따라 사망률은 점차 증가하게 되며 패혈증은 일반적으로 가역적이지만, 패혈성 쇼크 환자는 적극적인 치료에도 불구하고 사망하게 되는 경우가 흔하다. 이러한 패혈증의 임상적 진단 기준으로는 체온이 38℃ 이상이거나 36℃ 이하인 경우, 맥박수가 분당 90회 이상인 경우, 호흡수가 분당 20회 이상인 경우, 백혈구수가 12,000개 이상이거나 4,000개 이하 혹은 10% 이상이 미성숙 백혈구인 경우 중 둘 이상에 해당하는 경우를 들 수 있다. 한편, 패혈증은 급속히 사망할 수 있으므로 패혈증이 의심되는 환자는 신속한 조치가 필요한데, 성공적인 치료를 위해서는 감염 부위에 대한 시급한 처치, 혈역학과 호흡기에 대한 지지치료, 침범된 미생물의 제거 등이 시행되어야 하며, 환자의 기저질환 역시 적극적으로 치료하여야 한다. 혈역학과 호흡기, 대사 장애 교정치료의 목표는 조직으로의 원활한 산소와 기질 공급을 회복시켜주는 것으로 각 장기의 관류를 적절히 유지하는 것이다. 패혈증 환자는 유효혈액량이 감소되는 경우가 흔하므로 혈압저하가 동반된 경우 정맥 내로 수액을 1~2시간에 걸쳐 1~2L의 속도로 공급하여야 한다. 동맥혈압이 65mmHg(수축기 혈압 90mmHg) 이상으로 유지된다면 이상적인 수액치료가 이루어지고 있다고 할 수 있으나 수액공급만으로 이러한 효과를 얻을 수 없다면 수축촉진제나 혈압상승제를 사용하여야 한다. 수액치료의 효과는 다른 임상지표에 의해서나 산소의 전달 및 사용을 측정함으로써 평가가 가능하다. 최근 적극적인 소생술로 중심정맥 산소포화도 70% 이상으로 유지하면 (필요하다면 도파민을 투여해서) 중증 패혈증 환자의 생존율을 개선시킬 수 있다는 연구보고가 있다.

제3장

진단 관련 판례

판례 6. 경추부 손상의 진단 및 처치 지연으로 하지마비와 부분마비가 발생한 사건_대법원 2006. 9. 8. 선고 2006다29785 판결

1. 사건의 개요

술에 취한 상태에서 머리를 부딪힌 환자에게 경추부 손상에 대한 진단 및 처치를 지연한 결과 하지마비와 상지부분 마비로 신경회복의 가능성이 없어진 사건이다 [서울중앙지방법원 2005. 5. 11. 선고 2002가합35381 판결, 서울고등법원 2006. 4. 13. 선고 2005나52223 판결, 대법원 2006. 9. 8. 선고 2006다29785 판결]. 자세한 사건의 경과는 다음과 같다.

날짜	시간	사건 개요
2002. 4. 26.		• 원고는 술에 취한 상태로 길에서 2번 넘어지고, 3번째 넘어지면서 길 위에 설치되어 있던 대리석으로 만든 50cm 높이의 주차방지시설에 머리 부딪힘 • 오른쪽 귀 뒤쪽 또는 오른쪽 뺨으로 피가 흘러내려 피고 병원 응급실 내원(환자 1970년 4월 22일 생, 사고 당시 32세, 여자)
	00 : 35경	• 피고 병원 응급실 내원 • 내원 당시 상태 = 혈압 110/70mmHg, 맥박 108회/분, 호흡수 20회/분

날짜	시간	사건 개요
2002. 4. 26.		= 우측 머리에 12×1.5cm 가량의 두피 열상 및 두피 출혈 = 어깨와 경부(목)의 통증 호소 = 토한 흔적, 술에 취한 상태이며 의식은 기면 상태 = 바빈스키 반사 없음, 대광반사는 양안 모두 있음, 양안의 동공 크기 같음 = 복부 팽만 있었음
	00:45경	• 신경외과에 통지
	01:00	• 뇌전산화단층촬영(CT) 시행 지시 받아 검사 시행함 = 뇌CT 검사 결과상 뇌진탕의 가능성만 있고 그 외에는 정상이라고 판단 • 타과 입원시 지연성 뇌출혈 가능성을 염두에 두고 뇌CT 검사를 더 할 것 외에, 머리를 다친 부분에 대하여는 항생제를 사용하라는 지시만을 하였음
	01:30	• 혈압 90/60mmHg, 맥박 88회/분, 호흡수 20회/분
	02:00	• 혈압 70/50mmHg, 맥박 96회/분, 호흡수 20회/분 • 복부 팽만 있고, 술에서 깨어 의식이 명료해졌으며 경부 통증 호소하였음
	02:15경	• 혈압 90/60mmHg • 경추(전후방상, 측방상) 및 복부 단순방사선검사 시행
	02:30	• 혈압 100/60mmHg, 맥박 96회/분, 호흡수 20회/분
	02:50	• 두피 열상의 상처 부위를 봉합, 소독하는 처치 시행
	04:10	• 혈압 100/60mmHg, 맥박 104회/분, 호흡수 22회/분
	05:00	• 도뇨관으로 소변 배출 = 1L 가량
	05:02	• 경추 collar brace 착용
	07:00	• 경추부 swimmers view 단순 방사선검사를 시행하려다 취소함
	07:05	• 혈압 80/60mmHg, 맥박 92회/분, 호흡수 20회/분 • 쇽(shock) 체위 취함 • 의식이 명료한 상태에서 손저림 호소함
	07:15	• 원고 진찰 후 경부 collar에서 필라델피아 보조기로 교체(이 무렵 보호자와 연락됨)

날짜	시간	사건 개요
2002. 4. 26.	07 : 25	• 혈압 90/50mmHg
	07 : 35	• 원고 진찰
	07 : 40	• 경추(측방상, 좌우 경사상), 흉추(전후방상/측방상/좌우 경사상), 요추(전후방상/측방상/좌우 경사상), 우측 상완부(전후방상/측방성/좌우 경사상)에 대한 단순방사선촬영 실시
	08 : 35	• 양쪽 팔의 극심한 통증 호소
	08 : 40	• 혈압 80/50mmHg, 맥박 92회/분, 호흡수 20회/분
	09 : 30	• 스테로이드제제인 솔루코테프 투여 시작
		• 원고는 상지 근력 떨어지는 소견 보임
	10 : 15	• 혈압 90/60mmHg, 맥박 84회/분, 호흡수 18회/분
	10 : 40	• 구토
	11 : 00	• 혈압 70/50mmHg
	11 : 40	• 혈압 80/50mmHg
	13 : 06경	• 원고에 대해 경추 MRI 시행 = 경추 5−6번 사이의 탈구 소견, 수핵이 탈출되어 척수 신경 압박하고 있으며 이로 인한 신경조직이 변형된 소견이 관찰됨
응급실 담당의사 작성 기록	작성 시간 알 수 없음	• 원고는 2번째 손가락 이하에 감각이 없고, 양측 하지의 운동능력이 Ⅰ등급, 좌측 손가락은 신전굴곡 장애 있었으며, 우측 상지의 운동능력은 Ⅴ등급으로 정상이었음
정형외과 의료진 진찰 결과		• 원고는 경추 5번 이하의 완전 마비에 준하는 근력 검진 소견을 보였고, 감각 소실은 경추 4번 아래로 있었으며, 초기 심부건반사는 척수쇽에 준하여 감소된 상태로 측정되었음 • 경추 전후방상 단순방사선 사진 상(02 : 15경 촬영) 경추 6번 왼쪽 각 척추경(pedicle) 골절 결손(틈 1.7mm)이 있으며, 경추 MRI상 경추 5−6번에서 탈구 후 부전탈구, 제4−5, 5−6 경추에서 완전한 척수 손상 및 그로 인한 하지 마비와 상지 부분마비, 두피 열상, 양쪽 팔 타박상이 진단되었음
	15 : 00경	• 응급실에서 입원실로 옮겨짐
이후		• 원고는 두통 및 팔저림과 통증 계속 호소하였고, 양손 주먹을 쥘 수 없었으며, 하지는 움직일 수도 없고 감각도 없었음
2002. 4. 27.		• 통증 계속 호소하여 의료진은 진통제를 투여하였고 그 외 별다른

날짜	시간	사건 개요
2002. 4. 28.		처치는 하지 않았음
2002. 4. 29.	16 : 00경	• 가족들에 의해 피고병원에서 퇴원하여 타병원으로 전원되었음
2002. 4. 30.		• 전원된 병원에서 경추 고정을 위하여 자기뼈를 이식하는 방법으로 전방 경추체간 유합술 실시
2002. 9. 11.		• 타병원에서 퇴원할 때까지 근력의 변화가 거의 없었음 • 의료진은 완전 척수 손상, 제5, 6경추 탈구로 진단하였음
이후		• 하지 마비와 상지 부분마비는 그 신경 회복의 가능성이 없고, 치료는 종결된 상태임 • 현재 마비로 인한 근위축, 신체 활동의 제한이 있고, 비뇨기과적 합병증 및 기타 합병증에 대한 예방 및 치료가 필요한 상태로 재활원에 입소하여 있는 상태임

2. 법원의 판단

가. 검사를 통해 경추부 손상을 신속히 진단하여 추가적인 신경 손상 등을 방지해야 할 의무 위반: 법원 인정(제1심)

(1) 의료인 측 주장

길에서 넘어져 주차방지시설에 머리 부딪히는 사고 발생 시 이미 중증 경추부 척수 손상 상태가 초래되어 응급실 내원할 당시 환자는 급성 척수 손상 상태로 예후가 불량한 상태로, 이미 신경학적 검사 상 사지마비에 준한 상태였으므로, 추가적인 2차 손상의 예방으로 얻을 수 있는 신경 손상의 최소화라는 것은 이후 장해 발생에 별다른 영향을 주지 않았다.

(2) 법원 판단

의료진으로서 경부 통증을 호소하거나 두부 외상이 있는 환자의 경우 심각한 결과를 가져올 수 있는 경추부 손상을 염두에 두고 각종 검사를 면밀히 시행해야 하고, 의식이 없는 환자의 경우에도 그 가능성을 염두에 두고 주의를 기울여야 하며, 검사들을 통해 경추부 손상을 신속히 진단해 더 이상의 추가적인 신경 손상 등을 방지해야 할 의무가 있다.

의료진은 환자를 치료함에 있어 단지 뇌진탕의 가능성만을 의심하여 뇌CT만을 촬영하고 경추부 손상은 전혀 의심하지 않은 과실로 경부 고정 등의 단순한 예방적 응급조치조차 취하지 않았다. 또 경추부 단순 방사선검사까지 시행하고서도 그 중 경추 전후방 단순방사선 사진에서 명백히 알 수 있는 경추 골절 소견에도 불구하고 그에 대한 판독을 정확히 하지 못했거나 혹은 판독 자체를 지연한 과실로 원고의 경추부 손상을 뒤늦게 진단하여 환자가 내원한 때로부터 4시간 30분 가량이 지나서야 비로소 경추부 고정을 위한 보조기를 착용시켜 경추부 손상 시 요구되는 응급처치를 지연함으로써 경추 골절 및 탈구 등으로 인한 척수 손상 및 그 결과인 운동 및 감각 마비가 더 진행되도록 방치하였다. 그리고 경추 손상과 그로 인한 척수 손상을 진단하고서도 수상시로부터 9시간 이상 경과한 뒤 스테로이드를 투여한 과실로 원고의 상태 악화 가능성을 증가시켰다.

환자의 현 장해가 전적으로 다른 원인으로 인해 발생했다거나 의료진이 신속히 경추 손상을 진단하고 적절한 치료를 했더라도 현재와 같은 장해가 발생했을 것이라는 피고 법원의 입증이 없는 이상, 환자에게 나타난 현 장해는 피고 병원 의료진의 과실로 넘어지면서 발생한 척수 손상이 더욱 악화되었거나 새로운 신경 손상이 발생하여 나타난 것으로 추정된다.

나. 혈압상승제 사용 및 산소공급 등 적절한 처치와 도수정복술 미실시 등 치료상의 과실 유무: 법원 불인정(제1심)

(1) 환자 측 주장

환자 측은 피고 병원 의료진이 쇼크 상태에 대하여 혈압상승제 사용 및 산소공급 등의 적절한 처치 및 감압을 위한 도수정복술을 실시하지 않는 등 치료상의 과실이 있다고 주장한다.

(2) 법원 판단

환자가 혈압상승제 및 산소공급이 필요한 쇼크 상태였거나 시급히 도수정복술을 받아야 하는 경우였다고 단정할 증거가 없다. 오히려 의료진은 환자에게 쇼크 체위를 취하게 하는 등 환자가 쇼크 상태에 있을 가능성을 염두에 두고 처치를 하였고, 도수정복술은 부작용 발생 우려 때문에 현재 많이 사용되지 않고 있는 시술방법이므로 환자 측의 주장은 받아들일 수 없다.

다. 상고심은 기각되었다.

3. 손해배상범위 및 책임 제한

가. 의료인 측의 손해배상책임 범위: 60% 제한(제1심) → 30% 제한(항소심)

나. 제한 이유

(1) 환자가 상당히 심각한 후유증을 남길 수 있는 경추 골절 및 탈구가 발생하는 사고를 당한 채 피고 병원에 내원하였던 점

(2) 내원 당시 환자가 술에 취해 있는 기면 상태로, 경추 손상의 진단에 필요한 각종 검사를 받는 데에 협조할 수 없는 상태였던 점

(3) 환자가 응급실 내원 당시 이미 척추의 손상이 발생되고 예후가 불량하여 경추를 고정하는 등의 통상적인 의료조치를 취했다고 하더라도 신경학적으로 사지마비의 장애가 발생되는 것을 예방하기 어려웠을 가능성이 있는 점

(4) 내원 당시 복부팽만이 있어 경추부에 대한 단순 방사선 촬영을 하는 등 피고 병원으로서는 경추부 손상에 대한 가능성을 배제하지 않은 채 진료를 진행했던 점

(5) 피고 병원의 진료상의 과실이 적극적인 침습행위에 있었다기 보다는 신속, 적절한 치료를 제때 시행하지 않은 것에서 찾아볼 수 있는 점

(6) 환자가 다친 정도로 볼 때, 피고 병원이 최선의 조치를 다하였더라도 원고가 완전하게 회복되기는 어려웠을 가능성이 있는 점

다. 손해배상책임의 범위

(1) 제1심

① 청구금액: 1,094,608,362원[1]

② 인용금액: 436,470,470원

---

1) 피고들에 피고 법인만 포함된 것이 아니라 길에서 넘어져 다친 날 함께 있었던 사람들까지 포함이 되어 있어 피고 법인 병원에만 청구된 금액은 아님.

- 원고 승계참가인에게 지급할 장애연금까지 포함한 금액임(10,654,550원)

　　일실수입: 232,728,048원

　　기왕치료비: 9,313,530원

　　향후치료비: 113,679,960원

　　보조구 구입비: 10,283,750원

　　개호비: 298,112,162원

　　산상 손해: 398,470,470원(664,117,450원(소극적 손해 232,728,048원 +

　　　　　　　　적극적 손해 431,389,402원)×60%)

　　위자료: 38,000,000원

(2) 항소심

① 인용금액: 213,449,102원

- 원고 승계참가인에게 지급할 장애연금까지 포함한 금액임(4,293,080원)

　　일실수입: 243,279,078원

　　기왕치료비: 9,313,530원

　　향후치료비: 104,009,449원

　　보조구 구입비: 9,007,580원

　　개호비: 311,402,538원

　　재산상 손해: 188,156,022원(203,103,652원×30%에서 장애연금 등

　　　　　　　　14,947,022원 제외)

　　위자료: 21,000,000원

4. 사건 원인 분석

　　이 사건은 술에 취해 머리를 다쳐 응급실에 내원한 환자에게 경추부 손상을 뒤
늦게 진단하고 그에 대한 처치를 지연하여 추가적인 신경 손상 발생으로 하지 마비
와 상지 부분마비가 발생한 사건이다. 이 사건과 관련된 문제점 및 원인을 분석해본
결과는 다음과 같다.

　　첫째, 자문위원은 사건에 대해 제5-6경추 골절-탈구로 인한 사지마비 환자임

을 확인한 것이 내원시점으로부터 약 13시간 뒤였음에도 이후 3일간 입원해 있는 동안, 진통제 투여 외에 두개골 견인이나 감압 수술 등 신경의 감압을 위한 시도가 이뤄지지 않은 점도 매우 큰 요인으로 보았다. 또한 3일 경과 후 보호자의 요청에 의해 전원, 바로 다음날 감압 수술한 것을 볼 때 손상 초기에 수술적 감압이나 골 견인을 통한 탈구 정복을 얻었다면 마비 회복의 가능성이 조금이라도 더 높았을 것으로 보았다.

둘째, 두피 열상 및 두피 출혈이 있으며 어깨와 경부의 통증을 호소하는 환자에게 경추부 손상을 염두에 두고 검사를 시행하지 않은 것이다. 또한 검사 결과 경추 골절 소견에도 불구하고 뒤늦게 진단을 내렸다(진단을 내린 시기가 명확하지 않음). 자문위원은 머리 손상, 다발성 손상, 의식 상실, 음주 및 약물 중독과 같은 경우에는 경추부 손상의 가능성을 염두에 두고 진료해야 할 것으로 생각된다고 하였다. 피해자의 경우는 내원 2시간 뒤 의식이 명료해졌고 아침에는 마비 증상을 의심할 만한 소견이 명확하였음에도 내원 13시간 경과 후에야 경추부 MRI를 통해 경추 손상에 대한 마비를 진단했기에 진단 과정이 신속하지 않았고 적절치 못하였던 것으로 보인다고 하였다. 또한 경추부 단순 방사선 촬영 후 약 3시간 뒤인 5시경 cervical collar를 채운 점, swimmer's view를 시도한 점으로 보아 경추손상을 의심하였던 것으로 보이나

〈표 6〉 원인분석

분석의 수준	질문	조사결과
왜 일어났는가? (사건이 일어났을 때의 과정 또는 활동)	전체 과정에서 그 단계는 무엇인가?	– 환자 진단 단계 – 예방 조치 단계
가장 근접한 요인은 무엇이었는가? (인적 요인, 시스템 요인)	어떤 인적 요인이 결과에 관련 있는가?	○ 의료인 측 – 환자상태 사정 및 예방 조치 미흡(경추부 손상에 대한 검사, 진단 지연, 합병증 예방에 대한 조치 미시행)
	시스템은 어떻게 결과에 영향을 끼쳤는가?	○ 법, 제도 – 경추손상 환자에 관한 추가 손상 예방 관련 임상진료지침 등의 활용 미비

이에 대한 진단조치가 신속하지 않았다고 보는 자문의견도 있었다.

셋째, 경부 고정 등의 단순한 예방적 응급조치조차 취하지 않은 것이다. 머리 손상이 있는 경우 경추부 손상이 동반될 가능성이 있으므로 특히 의식이 명료하지 않은 환자에게는 경추 보조기 고정과 같은 예방적인 응급조치가 모든 환자에 있어 반드시 필요할 것으로 생각된다. 또한 경추의 불안정성에 의한 추가적인 신경 손상을 예방하기 위해 즉각적인 경부 고정과 정확하고 빠른 진단이 이루어져야 한다는 자문의견이 있었다. 그러나 음주 상태의 과민한 환자에게 경추 보조기를 착용시키는 것이 현실적으로는 용이하지 않을 수도 있다는 의견도 있었다(〈표 6〉 참조).

5. 재발 방지 대책

원인별 재발방지 대책은 〈그림 6〉과 같으며, 각 주체별 재발방지 대책은 아래와 같다.

〈그림 6〉 판례 6 원인별 재발방지 사항

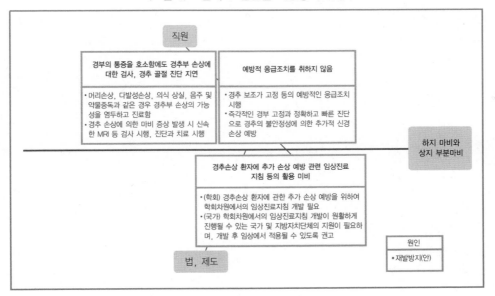

(1) 의료인의 행위에 대한 검토사항

머리손상, 다발성손상, 의식 상실, 음주 및 약물중독의 환자에게는 경추부 손상의 가능성을 항상 염두하고 있어야 한다. 만일 경추손상 환자에게 마비가 발생하였을 경우, 신속하게 MRI 등의 검사를 시행하여야 하며, 경추의 불안정성에 의한 추가적인 신경 손상을 예방하기 위하여 응급조치를 취하여야 한다.

(2) 학회·직능단체 차원의 검토사항

경추손상 환자에 관한 추가 손상 예방을 위하여 학회차원에서의 임상진료지침 개발이 필요하다.

(3) 국가·지방자치단체 차원의 검토사항

학회차원에서의 임상진료지침 개발이 원활하게 진행될 수 있는 국가 및 지방자치단체의 지원이 필요하며, 개발 후 임상에서 적용될 수 있도록 권고해야 한다.

판례 7. 발가락 염증 치료과정 중 조직검사 미비로 편평세포암을 발견하지 못해 사망한 사건_부산지방법원 2008. 10. 29. 선고 2006가합19057 판결

1. 사건의 개요

발톱 깎다가 생긴 상처로 만성골수염으로 진단받은 후 열(ray) 절단술 시행을 했으나 감염이 재발하여 치료를 받던 중 편평세포암이 발견되고 전이되어 결국 사망한 사건이다[부산지방법원 2008. 10. 29. 선고 2006가합19057 판결]. 자세한 사건의 경과는 다음과 같다.

날짜	사건 개요
2002. 10.경	• 발톱 깎다가 생긴 상처가 치유되지 않고 통증과 종창이 반복됨(환자 1980. 4. 14.생, 사고 당시 25세 10개월, 남자)
2003. 4. 14.	• 좌측 5번째 발가락 감염으로 피고 병원 정형외과에 입원. 치료 시행
2003. 4. 16.	• 퇴원
2003. 4. 22.	• 염증 재발하여 피고 병원 정형외과에 입원. 치료 시행
2003. 4. 23.	• 괴사조직 제거수술 시행
2003. 5. 1.	• 퇴원
2003. 6. 24.	• 감염과 염증이 재발하여 피고 병원 정형외과에 입원. 치료 시행
2003. 7. 3.	• 퇴원
2003. 7. 24.	• 감염 재발하여 피고 병원 정형외과에 입원. 치료 시행
2003. 7. 25.	• 염증 호전되지 않아 좌측 5번째 발가락 열(ray) 절단술 시행 = 수술시 진단 병명은 만성 골수염
2003. 8. 8.	• 퇴원
수술 후	• 감염 재발
2004. 7. 30.	• A병원에 입원
2004. 8. 12.	• 괴사조직 제거술과 피부이식수술 시행
2004. 9. 6.	• 괴사조직 제거술과 피부이식수술 시행
2004. 9. 28.	• 좌측 발 염증과 통증 지속

날짜	사건 개요
2004. 10. 20.	• 좌측 무릎 이하 절단수술 시행
2004. 11. 21.	• 수술 부위에서 혈액성 삼출물 지속됨
2004. 11. 26.	• 절단 부위의 출혈과 좌측 서혜부 종괴 발견
2004. 12. 2.	• 혈종 제거와 절단 부위 교정수술 시행 • 좌측 서혜부 종괴제거술 및 조직검사 시행 = 편평세포암으로 확인
2004. 12. 17.	• 좌측 골반부와 서혜부 부위 방사선 치료 시작
2004. 12. 30.	• 흉막으로 암 전이. 좌측 장골과 서혜부 임파절 전이 상태
2005. 3. 14.	• 괴사조직 제거술 시행 • 좌측 대퇴부 조직검사 시행 = 편평세포암으로 확인
2005. 4. 20. ~ 2005. 6. 1.	• 3회의 괴사조직 제거술 시행
2005. 6. 2.	• 암이 전이된 상태로 퇴원
2005. 6. 3.	• B병원 입원
2005. 6. 9.	• 하지 CT촬영 시행 = 좌측 대퇴부 암으로 확인
2005. 6. 20.	• 좌측 서혜부 개방과 제거수술 시행
2005. 8. 2.	• 좌측 골반과 대퇴부위의 종양절제수술 시행
2005. 8. 22.	• 항암치료 시작
2005. 10. 21.	• 퇴원
2005. 10. 22.	• C병원 입원. 항암치료 받음
2006. 2. 16.	• 사망

2. 법원의 판단

가. 편평세포암을 조기에 발견하지 못한 과실 여부: 법원 인정

(1) 환자 측 주장

피고 병원 의료진은 환자가 좌측 5번째 발가락 염증으로 치료받은 이후 염증이 반복적으로 재발되어 결국 발가락 절단술까지 시행하였음에도 절제한 발가락에 대한 조직검사를 시행하지 않아 편평세포암 발병사실을 조기에 발견하지 못하여 적절한 치료를 받을 시기를 놓치게 되었다.

(2) 의료진 측 주장

피고 병원 의료진은 환자의 증세를 만성 골수염으로 판단하여 그에 따른 적절한 치료를 하였고 만성 골수염의 경우 일반적으로 조직검사를 하지 않으므로 치료과정에 과실이 없다.

(3) 법원 판단

환자가 A병원에서 치료를 받는 기간 동안 발가락 염증 부분에 만성 골수염에서 편평상피암이 발생되었다고 볼 만한 큰 증상의 변화가 없었으며, 만성 골수염에서 편평상피암이 발생하는 빈도는 매우 적고, 특히 만성 골수염에서 편평상피암이 발생함에 있어서는 만성 골수염의 이환기간이 중요하고 짧은 이환기간 후에 편평상피암이 발생하는 경우는 극히 드물다. 환자에게 만성 골수염이 있었다고 하더라도 그 이환기간은 조직검사 상 편평세포암으로 확진될 때를 기준으로도 1－2년에 불과하여 만성 골수염에서 편평세포암이 발생하였다고 보기 어려운 점 등에 비추어보면, 환자가 피고 병원에서 치료받을 당시에는 만성 골수염이었다가 그 후 편평세포암이 발생하였다고 보기는 어렵고 피고 병원에서 치료받을 당시에도 환자에게는 편평세포암이 있었다고 생각된다.

또한 환자의 경우 감염과 염증이 재발하고 있어서 만성 골수염이 아닌 다른 원인이 있음을 의심하여 조직학적 확인을 할 필요가 있었고, 통상적으로 절단술을 시행한 경우 조직검사를 시행함에도 환자에 대한 발가락 절단술까지 시행하였는데도 피고 병원 의료진은 그 절단 부분 등의 조직검사를 시행하지 않은 과실이 있어 암을 조기에 발견하지 못하였다고 인정한다.

3. 손해배상범위 및 책임제한

가. 의료진 측의 손해배상책임 범위: 20% 제한

나. 제한 이유

(1) 세균이 지속적으로 동정되는 경우에는 방사선 동위 원소 검사를 이용하여 만성 골수염 여부를 진단하는 것이 일반적인데, 피고 병원 의료진은 환자에게 세균이 지속적으로 동정되었고 방사선 동위 원소 검사 상 발가락 부위와 주변 족부의 전반적인 음영 증가 등이 있어 만성 골수염으로 진단한 점

(2) 환자에게 감염 부위에 편평세포암을 의심할 만한 뚜렷한 증상의 변화를 보이지 않은 점

(3) 피고 병원 의료진은 방사선 동위 원소 검사와 혈액검사를 수차 반복하며 환자의 상태를 확인하여 왔으나 다른 원인을 발견하지 못하였던 점

(4) 환자의 경우 나이가 어리고 염증 부위가 자외선에의 노출이 거의 없는 발가락이었기에 편평세포암 발병가능성을 고려하기 어려웠던 점

다. 손해배상책임의 범위

(1) 청구금액: 263,219,389원

(2) 인용금액: 58,643,876원

　　- 일실수입: 38,643,877원(193,219,389원×20%)

　　- 위자료: 20,000,000원

4. 사건 원인 분석

환자는 발톱 깎다가 생긴 상처가 치유되지 않고 통증, 종창이 반복되고 감염이 되어 정형외과에서 수차례 입원 치료를 받았으나 호전되지 않아 좌측 5번째 발가락에 열 절단술을 시행하였고 수술시 진단명은 만성 골수염이었다. 그러나 감염이 재발하여 1년 후 타 병원에 입원하여 괴사조직 제거술과 피부이식수술, 무릎 이하의 절단 수술도 받았으나 수술 부위에서 혈액성 삼출물이 지속되고 절단부위에 출혈이 발생

하였으며 좌측 서혜부에서 종괴를 발견하였다. 이에 대해 종괴제거술 및 조직검사 시행 결과 편평세포암으로 확인되었고 흉막과 좌측 장골과 서혜부 임파절에 암이 전이되어 약 3개월 후 괴사조직 제거술을 시행하고 타 병원으로 옮겨 좌측 골반과 대퇴부위의 종양절제수술과 항암치료를 받았으나 결국 사망하였다. 이 사건과 관련된 문제점 및 원인을 분석해본 결과는 다음과 같다.

첫째, 피고 병원 의료진이 편평세포암에 대한 의심을 하지 않고 만성 골수염으로 진단하여 조직검사를 시행하지 않아 편평세포암의 발병사실을 조기에 발견하지 못하였다. 일반적인 암 증상과 구별되는 편평세포암만의 특별한 증상은 없고 환자의 경우 25세이며 새끼 발가락의 만성골수염인 관계로 피부 편평상피세포암(Marjolin's Ulcer)을 의심해야 할 만한 상황은 아니지만, 편평상피세포암은 흡연자의 폐암 등에서도 오기가 쉬우므로 새끼발가락 상처가 위 상피세포암의 원발부위로 단정하기는 어려우나, 의학의 의외성을 항상 염두에 둔다면 좌측 제 5족지 절단 시 조직의 조직검사를 시행하였음이 타당하다고 보인다.

둘째, 환자가 2003. 4. 14.부터 2003. 8. 8.까지 피고 병원에서 퇴원한지 6~7일 만에 재입원하고 한 달 내 재입원 하는 등의 경과를 보아 피고 병원 의료진이 퇴원

〈표 7〉 원인분석

분석의 수준	질문	조사결과
왜 일어났는가? (사건이 일어났을 때의 과정 또는 활동)	전체 과정에서 그 단계는 무엇인가?	- 진단 단계(편평세포암에 대한 의심을 하지 않음) - 수술 후 환자 관리 단계(적절한 퇴원 사정을 하지 않음)
가장 근접한 요인은 무엇이었는가? (인적 요인, 시스템 요인)	어떤 인적 요인이 결과에 관련 있는가?	• 의료인 측 - 진단 소홀(편평세포암에 대한 의심을 하지 않아 진단 지연) - 수술 후 퇴원 사정 미흡
	시스템은 어떻게 결과에 영향을 끼쳤는가?	• 의료기관 내 - 의료인 대상 교육 미흡, 의료진간 환자 상태 공유 미흡 - 퇴원 사정을 위한 환자용 교육 자료 부재 • 법·제도 - 의료인 교육 자료 부족(편평세포암에 대한 진단 어려움)

사정을 제대로 한 것인지 의심되며 감염이 계속 재발하였으므로 피고 병원 의료진은 이에 대한 원인을 찾으려는 노력을 해야 했다고 생각한다. 자문위원은 만성골수염이 완치된 것으로 보이더라도 상당기간 1~2주 간격으로 외래 추시를 하도록 하여 창상 및 혈액검사 결과를 감시하며, 만성골수염의 경우 재발률이 높고 치료가 어려워 이에 대한 설명이 필요했을 것이다(〈표 7〉 참조).

5. 재발 방지 대책

원인별 재발방지 사항 제안은 〈그림 7〉과 같으며, 각 주체별 재발방지 대책은 아래와 같다.

〈그림 7〉 판례 7 원인별 재발방지 사항

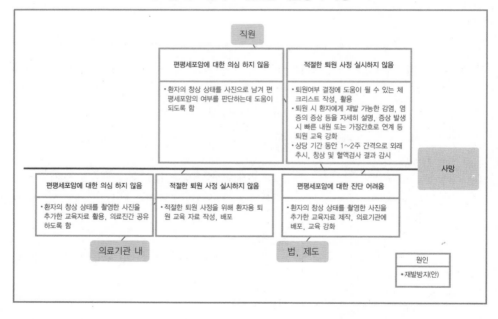

(1) 의료인의 행위에 대한 검토사항

진단이 어려운 부분에 도움이 될 수 있도록 의료인의 지식과 능력을 향상시키기 위해 환자의 창상 상태를 사진으로 남겨 편평세포암의 여부를 판단하는 데에 도움이 되도록 한다. 또한 환자의 적절한 퇴원 사정을 위해 퇴원 여부 결정에 도움이 될 수 있는 체크리스트를 작성하며 퇴원 시 환자에게 재발 가능한 감염이나 염증 등의 증상에 대해 설명하여 의심 증상이 발생하면 즉시 내원하여 치료를 받을 수 있도록 한다. 더불어 퇴원 후 상당기간 동안은 1~2주 간격으로 외래 추시를 하여 환자 관찰을 해야 한다.

(2) 의료기관의 운영체제에 관한 검토사항

환자의 창상상태를 촬영한 사진을 추가한 교육자료를 제작하여 의료인 교육 시에 활용하고, 의료인 간 환자상태에 대해 활발히 공유할 수 있도록 한다. 또한 환자에 대한 적절한 퇴원 사정을 위해 환자를 대상으로 한 퇴원 교육 자료를 작성하고 배포하여야 한다.

(3) 학회·직능단체 차원의 검토사항

증상이 모호하거나 구분이 어려운 질병에 대한 진단을 용이하게 할 수 있도록 환자의 창상 상태를 촬영한 사진을 추가한 교육 자료를 제작하고 이를 의료기관에 배포하여 의료인 교육을 강화할 수 있도록 한다.

┃참고자료┃ 사건과 관련된 의학적 소견[2]

○ 만성 골수염

만성 골수염은 골과 골수 조직에 세균이 침범하여 감염된 괴사 골조직인 부골(腐骨)을 형성하여 염증이 만성화된 경우로 완치가 매우 어려운 질환이다. 간헐적 혹은 지속적인 배농에 의해 형성된 누공이 동반될 수 있고, 만성 골수염이 이환(罹患)된 부위의 피부는 만성 반흔이 형성되는 경우가 대부분이다. 만성 골수염은 환자의 병력, 증상, 방사선 사진 및 골주사 검사 또는 MRI 촬영으로 진단이 가능하다. 방사선 검사의 경우 일반 방사선 동위 원소 검사보다는 3상(3phase) 방사선 동위 원소 검사를 이용하는데 세균이 지속적으로 동정되는 상태인 경우에는 위 검사로 만성 골수염 진단이 가능하다고 할 수 있다. 진단이 의심스러울 경우에는 확진을 위하여 골조직에 대한 조직검사를 추가로 시행하기도 한다. 세균이 지속적으로 동정되는 경우는 만성 골수염 진단을 위하여 조직검사를 별도로 시행하지는 않지만 세균의 동정이 확실히 되지 않을 경우 만성 염증과 감염된 골 괴사조직인 부골의 존재를 확인하기 위해 조직검사를 시행하는 경우도 있다. 만성골수염의 진단으로 절단을 시행한 경우에는 통상 절단된 부위의 조직검사를 시행한다.

○ 편평세포암

편평세포암은 편평세포가 있는 어떤 곳에서든 발생가능한데, 식도암, 피부암, 폐암, 자궁암 등이 이에 해당한다. 그 중 편평상피암은 두부, 안면부, 경부, 상하지, 체간 등에서 발생한다. 편평상피암의 발생원인은 환경요인 및 숙주요인(환자가 가진 요인)이 있는데, 숙주요인으로는 연령, 성, 일광에 햇빛노출이 잦을 때, 방사선 피부염, 화상, 만성 궤양, 특정의 상처들이다. 편평상피암은 피부암 중 약 80%를 차지하며 주로 장기간 태양광선 노출, 방사선 화학물질과 관계가 있으며, 얼굴, 사지 등 태양에 노출된 부위에 흔하게 발생한다. 편평상피암은 대개 융기되고 단단한 경계를 가진 궤양으로 나타나고, 궤양이 없는 경우 과각화성의 구진, 결절 또는 판으로 나타나기도 한다. 염증 반응의 정도에 따라 홍반은 다양하게 나타나고, 크고 진행된 병변에서는 피하지방까지 침범하여 하부조직에 유착될 수 있다. 증세로는 급격한 동통, 배농의 증가 및 배농성상의 변화, 악취, 출혈, 급격히 커지는 궤양 및 X-선 검사상 골 파괴상 및 병적 골절을 보이며, 이 때 X-선 소견은 대개 악성종양의 소견을 보이지 않고 심한 골파괴 및 만성 골수염의 양상을 보이나, 가끔 감염에 의한 골파괴 보다 더욱 광범위한 파괴상을 보이기도

---

2) 해당 내용은 판결문에 수록된 내용임.

한다. 편평상피암은 보통 원발성으로 나타나고 전이를 잘하며 내부 장기로도 전이가 되기 때문에 근치수술로 완전히 제거하여 전이를 예방하는 것이 가장 좋은 치료방법이다. 편평상피암은 피부 병변에 대한 조직 검사로 확진이 가능하고, 편평상피암의 진단으로 절단을 시행한 경우에는 절단면의 조직검사를 별도로 시행하거나 절단된 부위에 암세포가 침윤하였는지 확인한다.

○ 만성 골수염과 편평세포암

만성 골수염은 뼈의 병변이 주 증상이고, 그에 따른 배농이 있는 경우에는 배농관이 형성될 수 있으며, 배농관에 의해 염증성 육아조직이 형성될 수 있다. 편평세포암은 주 병변이 뼈가 아닌 피부조직으로 배농과는 다른 삼출물 등이 있을 수 있고 육아조직 형태의 종물이 인지되며 일상적인 배농이나 통증이 아닌 형태가 이상한 덩어리도 인식된다. 드물게는 만성 골수염에 의한 피부 손상 부위인 누공 또는 만성 반흔이 장기화되면 누공 또는 반흔을 중심으로 암이 발생할 수 있는데 그중 가장 많은 암이 편평세포암이며 이를 Marjolin's Ulcer라고 부른다. 그러나 만성 골수염 배농루에서 편평세포암이 발생하는 빈도는 매우 적은 것으로 보고되고 있고, 이는 최소 수년 이상의 누공에 의하여 발생한다(Gillis와 Lee 및 Lawrence 등에 의하면, 만성 골수염에 의하여 편평세포암이 발생하는데 있어서는 나이 및 성별보다 만성골수염에 이환된 기간이 더욱 중요하다고 하는데, Johnson에 의하면 12년부터 64년까지, Fitzergerald에 의하면 평균 42년이 걸린다고 보고하였다. 1년 이하의 만성 골수염 이환기간 후에 편평세포암이 발생하는 것은 특기할 만 것이다). 만성 골수염에서 편평세포암이 발생하면 일반적인 누공 또는 반흔의 모양과 달리조직이 부풀어 오르는데, 통증이 별로 없는 것이 특징이다. 편평세포암 초기에는 만성 골수염에 의한 누공과 잘 구별되지 않을 수 있고 만성 골수염의 병발성 세포암과 염증성 육아조직 및 편평세포암의 육안적 구별은 잘 되지 않으나(육안으로 골수염에 의한 육아조직의 형성과 편평상피세포의 비교는 힘들다) 어느 정도 성장이 되면 편평세포암의 경우 외부로 자라나므로 육안으로 비교적 쉽게 구별이 가능하다.

판례 8. 패혈증의 신속한 진단 및 적절한 대처 미비로 뇌간경색 및 뇌간부전으로 사망한 사건_대전고등법원 2010. 7. 23. 선고 2009나1588 판결

1. 사건의 개요

1년전 양측 고관절 무혈성 괴사로 고관절 대치 성형수술을 받은 환자가 통증으로 내원하여 치료를 받는 과정에서 의식이 기면상태에 빠졌고, 타병원에 전원된 후 패혈성 색전증이 진단되어 결국 사망한 사건이다[대전지방법원 홍성지원 2009. 1. 23. 선고 2007가합1361, 2007가합1576 병합 판결, 대전고등법원 2010. 7. 23. 선고 2009나1588 판결]. 자세한 사건의 경과는 다음과 같다.

날짜	시간	사건 개요
2003. 5.		• 서울 A병원에서 양측 고관절 무혈성 괴사로 고관절 대치 성형수술 시행(환자 1965. 12. 9.생, 사고 당시 40세, 남자)
1년 경과한 무렵		• 우측 고관절에 통증 발생
2004. 11. 15.		• B병원에서 혈액검사 시행 = 적혈구침강속도 59, C반응성단백 1.59로 염증 수치가 높게 나옴 = 한 달간 소염진통제 모빅 처방
2004. 12. 1.		• B병원에서 혈액검사 재시행 = 계속 염증 수치가 높게 나옴
2005. 7. 6.		• 우측 고관절 통증으로 B병원 응급실에 내원 • 항생제 처방 없이 진통제만 처방. 귀가
2005. 8. 17.		• B병원 외래 방문 • 계속 염증 수치가 높은 상태임을 확인
2005. 10. 10.		• 입원
2005. 10. 11.		• 고관절 보철물을 제거하고 항생제 빔을 삽입하는 수술 시행
수술 후		• 항생제 세파졸린을 투여하다가 상태가 호전됨 • 집 근처 병원으로 전원하여 항생제를 투여 받을 것을 권유

날짜	시간	사건 개요
2005. 10. 21.		• 퇴원
2005. 10. 24.		• 피고병원에 입원
		• 피고 C가 B병원의 소견서 확인 = 우측 고관절 수술 부위의 감염으로 임상적 진단. 항생제 세프테졸을 1회 1mg씩 1일 3회 투여. 주 1회 혈액검사 시행함
2005. 10. 24. 2005. 10. 31.		• 혈액검사 시행 = 적혈구침강속도가 다소 높았으나 C반응성단백 수치는 정상임
2005. 11. 6.	14:00경	• 37.6℃ 정도의 미열 발생. 항생제 주사를 맞으면 속이 쓰리다고 호소
	19:00경	• 체온 38.4도℃로 상승
2005. 11. 7.		• 다시 회복함
	06:00경	• 혈액검사 시행 = 정상이었던 적혈구침강속도가 35, C반응성단백 수치가 0.86으로 상승 • 염증 수치가 상승하였음을 설명하면서 세프테졸 투약을 중단하고 항생제를 케푸린으로 바꿔 1회 1mg씩 1일 3회 투여할 것을 지시
	21:30경	• 다리에 심한 통증 호소 = 해열진통제인 젝스타 1앰플 주사 처방
2005. 11. 8.	20.00경	• 39.2℃의 고열 발생. 전신의 근육통 호소 = 젝스타 1앰플 주사 처방
2005. 11. 9.	09:00경	• 근육통 호소 = 간호사에게 필요한 경우 젝스타 1앰플을 주사할 것을 지시. 환자에게는 B병원으로 전원할 것을 권고
	10:00경	• 혈액검사 시행 = 적혈구침강속도가 41, C반응성단백 수치는 5.58으로 급격히 상승함. 백혈구 수치가 4,000~1,600(정상수치 4,000~11,000), 혈소판 수치가 215,000~125,000으로(정상수치 150,000~400,000) 저하되어 심한 감염 증상 보임
2005. 11. 10.	09:00경	• 밤 동안 고열이 발생하였다는 보고를 받음 = 환자에게 전원을 서두르라고 말하면서, 케플린의 투약을 중단하고 항생제를 한미테졸로 교체하여 1회 1mg씩 1일 3회 투약

날짜	시간	사건 개요
2005. 11. 10.		하도록 지시 • 고열 지속되고 심한 근육통을 호소하는 등 증상 호전되지 않음
2005. 11. 11.	05：00경	• 취침 중 손발, 입의 발작을 일으켰고 그 과정에서 침대에서 떨어짐
	이후	• 의식이 기면상태에 빠짐
		• 뇌 컴퓨터단층촬영 실시
		• 혈액배양검사 실시 = 패혈증으로 진단할 수 있는 결과 나옴
2005. 11. 11.	06：00경	• B병원으로 전원
	08：47경	• B병원에 도착 • 부분적인 경련을 하고, 의식은 혼미상태가 지속됨 • 응급실 신경과에서는 중뇌 혹은 뇌간의 패혈색전증의 가능성이 있고, 그 원인으로는 전신 패혈 상태나 심장 원인의 가능성이 높은 것으로 진단
이후		• 감염내과 중환자실에 입원 • 혈액배양검사 및 3세대 항생제인 세프타지딤 및 반코마이신을 계속 투여하는 등 패혈증에 대한 치료 시행하였으나 호전되지 않음
2005. 12. 23.	13：35경	• 선행사인 패혈증, 중간사인 뇌간경색, 직접사인 뇌간부전으로 사망

2. 법원의 판단

가. 패혈증의 신속한 진단 지연 및 적절한 대처를 하지 않은 과실 유무: 법원 인정(제1심, 항소심)

(1) 의료진 측 주장

　B병원으로 급히 전원한 후 정형외과 협진 결과 환자의 우측 둔부의 감염 증상은 보이지 않았고, 경과기록지에도 환자의 감염원 및 급격한 의식저하를 설명할 만한 뚜렷한 원인을 찾을 수 없다고 기재되어 있으며, B병원에서의 항생제 치료에도 환자의 상태가 호전되지 않았던 점 등을 고려하면, 환자가 패혈증으로 사망한 것으로 볼

수 없고, 패혈증으로 사망하였다고 하더라도 의료진 측 과실보다는 환자가 장기간 스테로이드제를 복용하여 면역력이 약화되었기 때문에 사망한 것이다(제1심).

환자의 직접사인은 뇌간부전이고 이는 뇌간색전에 의한 것인데, 환자의 뇌 검사상 농양이나 염증이 발견되지 않아 뇌간색전이 패혈성 색전에 의한 것이라고 볼 수 없으며, 설령 뇌간색전의 원인이 패혈성 색전이라고 하더라도 현대 임상 의학상 이를 예방할 수 없으므로 환자가 피고의 진료상 과실에 의하여 사망하였다고는 보기 어렵다(항소심).

(2) 법원 판단

환자가 피고 병원에 입원한 이유는 B병원에서의 고관절 수술 후 감염부위에 대한 항생제를 투여받기 위한 것이었고, 피고 의사도 환자에 대한 혈액검사결과 적혈구침강속도 및 C반응성단백 수치 등 염증 수치가 상승하여 전원할 것을 권유하였으며, 2005. 11. 11. 실시한 혈액검사결과에는 패혈증으로 진단할 수 있는 검사결과가 나왔고, B병원에 전원해서도 혈액검사결과 패혈증 증상이 의심되어 감염내과 중환자실에 입원시켜 패혈증 치료를 하면서 3세대 항생제인 세프타지딤 등을 계속 투여하였으며, B병원에서 발급한 사망진단서에도 선행사인을 "패혈증"이라고 기재한 점 및 관련 의학문헌에는 기존에 항생제를 투여 받은 경우 균배양 검사에서 음성으로 나올 수 있다고 기재되어 있는 점 등을 종합하여 환자가 패혈증이 아닌 다른 원인으로 사망하였다는 점을 인정할 증거가 없어 의료진의 주장은 이유 없다(제1심).

사실조회결과에 의하면 '패혈증에 의한 뇌간색전 환자라도 증상 발생 초기의 급성기에 촬영한 뇌영상에서는 뇌 농양이 발견되지 않을 수 있고, 환자의 경우는 뇌척수액 검사에서 염증을 확인할 수 있었다'는 소견이고, 환자가 인공관절 감염으로 인한 치료를 받다가 심한 감염 증상을 나타낸 상황과 환자가 특별한 뇌혈관 질환의 위험인자를 가지고 있지 않았다고 보이는 점 등을 고려하여 환자는 패혈성 뇌간색전에 의한 뇌간부전으로 사망하였다고 보아 의료진의 주장은 인정하지 않는다(항소심).

법원은 환자가 2005. 11. 6.부터 고열이 발생하고 속쓰림 및 통증을 호소하기 시작하여, 2005. 11. 7. 06:00경 실시한 혈액검사결과에는 적혈구침강속도, C반응성단백 등 염증 수치가 높게 상승하였으며, 2005. 11. 9. 10:00경 실시한 혈액검사결과에서는 염증 수치가 급격히 상승하고 백혈구 수치 및 혈소판 수치가 급격히 저하되어 패혈성 증후군으로 진단할 수 있는 검사결과가 나왔다. 따라서 피고 의사는 적어도 2005. 11. 9. 10 : 00경에는 패혈성 증후군을 진단하고 혈액배양검사를 실시하여 그 원인균을 밝혀내야 하고, 그 원인균이 밝혀지기 전까지는 그람양성균과 그람음성균 모두에 효과적인 3세대 항생제로 교체하여 처방했어야 함에도, 막연히 환자에게 전원을 서두르라고 말하면서 혈액배양검사도 실시하지 않고 해열진통제인 잭스타를 처방하고 항생제는 같은 1세대 항생제인 한미테졸로 교체하여 투여한 과실로 패혈성쇼크 상태에 이르게 하였다고 인정한다(제1심).

3. 손해배상범위 및 책임제한

가. 의료진 측의 손해배상책임 범위: 60% 제한(제1심) → 50% 제한(항소심)

나. 제한 이유

(1) 피고 의사가 패혈증을 진단할 수 있는 시점과 환자가 패혈증 쇼크를 일으킨 시점 사이의 시간적 간격이 비교적 짧고, 피고 의사로서는 환자에게 염증 수치가 계속 상승하여 전원할 것을 권유하였고 환자도 바로 전원하겠다고 말하였던 사정 및 피고 의사의 의료상 과실 외에도 환자가 스테로이드제를 장기 복용하여 면역력이 약한 상태였던 점 등의 원인도 사망에 개입하였을 가능성이 있는 사정 등을 고려하여 피고의 책임비율을 60%로 제한함(제1심)

(2) 제1심의 제한이유에 추가하여 현대 임상의학상 패혈증이 패혈성 색전에 이르게 되는 것을 사전에 예방하거나 예견하기는 어려운 점(항소심)

(3) 당시 공중보건의였던 피고가 피고 병원의 의료진 및 시설만으로는 적절한 치료가 쉽지 않다고 판단하여 환자에게 전원을 권유하였고 환자도 바로 전원하겠다고 말하였던 점(항소심)

다. 손해배상책임의 범위

(1) 제1심

① 청구금액: 614,751,847원

② 인용금액: 207,752,969원

- 일실수입 및 일실퇴직금: 175,952,971원{(254,063,179원+
  39,191,774원)×0.6}
- 장례비: 1,800,000원(3,000,000원×0.6)
- 위자료: 30,000,000원

(2) 항소심

① 청구금액: 614,751,847원
② 인용금액: 218,048,315원
  - 일실수입 및 일실퇴직금: 191,548,315원{(362,193,228원+
    20,903,402원)×0.5}
  - 장례비: 1,500,000원(3,000,000원×0.5)
  - 위자료: 25,000,000원

4. 사건 원인 분석

약 1년 전 양측 고관절 무혈성 괴사로 고관절 대치 성형 수술을 받은 과거력이 있는 환자가 우측 고관절에 통증이 발생으로 내원하여 혈액검사를 받은 결과 염증수치가 높게 나와 소염진통제를 처방받았음에도 계속하여 염증 수치가 높게 나왔다. 6개월 후 우측 고관절 통증으로 응급실로 내원하였으나 항생제 없이 진통제만을 처방받았고 입원해서는 고관절 보철물을 제거하고 항생제 빔을 삽입하는 수술을 시행하고 집 근처 병원에서 우측 고관절 수술 부위의 감염으로 진단하여 항생제를 투여하였으나 체온 상승과 염증 소견을 보이고 항생제를 교체 투약하였음에도 발작을 일으켜 낙상한 후 의식이 기면상태에 빠졌고, 타병원에 전원된 후 전신 패혈 상태나 심장 원인의 가능성으로 중뇌 혹은 뇌간의 패혈 색전증의 가능성이 있다고 진단되어 항생제 투여 등 패혈증에 대한 치료를 시행하였으나 결국 사망하였다. 이 사건과 관련된 문제점 및 원인을 분석해본 결과는 다음과 같다.

첫째, 패혈증으로 진단할 수 있는 검사 결과가 나왔음에도 이에 대한 진단을 늦게 하였고 혈액배양검사를 늦게 하여 적절한 항생제 투여를 하지 않아 패혈증에 이르게 되었다. 정형외과 영역의 특성 상 금속 등 이물질을 인체 내에 삽입하는 수술이 많기 때문에 모든 수술마다 수술 후 감염의 위험성은 있고, 감염의 예방을 위한 많은 노력이 있어왔음에도 불구하고 아직도 정형외과 영역에서 수술 후 감염은 일정 비율에서 발생하고 있으며 특히 인공관절 치환술의 경우, 삽입된 이물질로 인하여 발생 빈도도 상대적으로 높고 발생 시 치료가 어렵다.

둘째, 피고 병원에서는 처음부터 이 환자를 수술하고 진료한 것이 아니라 수술을 담당했던 상급기관으로부터 단지 항생제 투여에 관한 지시 혹은 부탁과 함께 이 환자를 담당하게 되었다. 자문위원은 2005년 11월 7일의 ESR 35, CRP 0.86은 감염의 악화를 명확히 시사하는 결과는 아니라고 보이며 이 결과로 인해 그동안 효과를 보이던 항생제를 변경함이 타당했는지 의문스럽다고 하였다. 오히려 장기간 항생제를 투여하면서 생겨난 drug fever일 가능성도 있다고 하였다. 그러나 이날 밤부터 고열과 함께 심한 동통이 나타나기 시작했으므로 문제가 발생했음을 인지하고 피고 병원의 자체적인 치료보다는 상급기관으로의 전원이 더 중요했을 것이라고 보인다고 하였다(표 8 참조).

〈표 8〉 원인분석

분석의 수준	질문	조사결과
왜 일어났는가? (사건이 일어났을 때의 과정 또는 활동)	전체 과정에서 그 단계는 무엇인가?	−진단 및 조치 단계(패혈증에 대한 진단 및 조치 지연)
가장 근접한 요인은 무엇이었는가? (인적 요인, 시스템 요인)	어떤 인적 요인이 결과에 관련 있는가?	• 환자 측 −양측 고관절 무혈성 괴사 • 의료인 측 −진단 지연(패혈증에 대한 균배양 검사, 혈액 검사 등 검사 시행 지연) −처치 미흡(감염에 대한 외과적 조치, 협진, 전원 등의 조치 미흡)
	시스템은 어떻게 결과에 영향을 끼쳤는가?	

5. 재발 방지 대책

원인별 재발방지 사항 제안은 〈그림 8〉과 같으며, 각 주체별 재발 방지 대책은 아래와 같다.

〈그림 8〉 판례 8 원인별 재발방지 사항

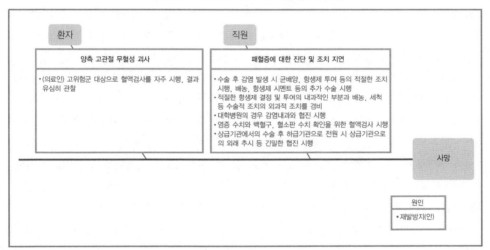

(1) 의료인의 행위에 대한 검토사항

패혈증이 발생할 가능성이 높은 고위험군 환자에게 혈액검사를 자주 시행하며 결과를 유심히 관찰하여야 한다. 환자에게 패혈증에 대한 의심 증상이 발생할 경우 균배양검사, 혈액검사 등의 진단을 위한 검사를 시행하고, 적절한 항생제 결정 및 투여의 내과적 조치와 배농, 세척 등의 외과적 조치를 시행하여야 한다. 또한 전문적인 관리를 위해 감염내과와의 협진 및 상급기관으로의 전원 등을 고려해야 한다.

｜참고자료｜ 사건과 관련된 의학적 소견[3]

○ 패혈증

(1) 패혈증이란 여러 가지 감염성 질환에 의해 혈액 내에서 세균이나 곰팡이가 증식하여 전신적인 염증 반응을 일으키는 상태로, 임상 증상으로는 심한 오한과 고열, 구토, 설사, 복통, 빈맥, 혈압강하, 감뇨, 각종 장기의 부전증, 패혈증성 쇼크 등이 있고, 치사율은 20%에서 50% 내지 60%까지 이르며, 조기의 패혈증은 대부분 치료가 가능하지만 패혈증이 패혈성 쇼크로 진행되면 사망의 위험성이 매우 높아져 적극적인 치료에도 사망할 수 있다.

(2) 패혈증 증후군(전신적 염증반응 증후군)은 ① 38도 이상 또는 36도 이하의 체온, ② 심박수 90회/분 이상, ③ 호흡수 20회/분 이상 또는 동맥혈 이산화탄소 분압 32mmHg 이하, ④ 말초혈액 백혈구 수 12,000/㎕ 이상 또는 4,000/㎕ 이하의 기준 중 2개 이상을 충족시킬 때를 말한다.

(3) 패혈증의 치료방법으로는 혈액 배양검사를 통해 원인균을 밝혀내어 그 원인균에 대한 적절한 항생제를 처방, 투여하여야 하고, 그 배양결과가 확인되지 않은 상태에서는 그람양성균과 그람음성균 모두에 효과적인 항생제(세포탁심 등 3세대 항생제, 피고 서○○이 처방한 위 항생제는 모두 1세대 항생제이다)를 사용하는 것이 기본적인 치료 원칙이며, 원인균 배양과 항생제 감수성 결과에 따라 처음 사용하던 항생제의 교환여부를 결정해야 한다.

○ 적혈구침강속도

응고 억제 약품을 섞은 혈액을 유리관에 넣어 수직으로 세운 상태에서 적혈구가 일정 시간에 침강하는 속도로서 염증성 질환, 악성 종양, 빈혈, 임신 등의 경우 속도가 빨라지고, 정상 수치는 3~15이다.

○ C반응성단백

염증성 질환 또는 체내 조직의 괴사와 같은 질환에서 현저하게 증가하는 혈장 단백의 일종으로서 정상 수치는 0~0.5이다.

---

3) 해당 내용은 판결문에 수록된 내용임.

판례 9. 구획증후군 증상에 대한 진단 및 조치 지연으로 신경마비 상태가 된 사건_서울고등법원 2009. 5. 7. 선고 2008나18187 판결

1. 사건의 개요

여자 환자가 계단에서 발을 헛디뎌 내원하여 치료받는 과정에서 구획 증후군 증상이 있음에도 진단 및 조치가 늦어져서 결국 신경마비 증상을 겪게 된 사건이다[서울북부지방법원 2007. 12. 20. 선고 2007가합1740 판결, 서울고등법원 2009. 5. 7. 선고 2008나18187 판결]. 이 사건의 자세한 경과는 다음과 같다.

날짜	시간	사건 개요
2006. 9. 15. (금)	아침	• 계단을 내려오다 오른쪽 발을 헛디딤(환자 여자, 나이 미상)
	10 : 00경	• 피고 병원에 내원. 수술 위해 바로 입원 • 내원 당시 감각은 발등에서 발가락까지 전체적으로 둔한 느낌이고, 운동은 통증으로 체크가 불가능한 상태임
		• 우측 경비골 간부 및 족관절 골절, 우측 비골 및 경골 신경 손상 진단
	16 : 50경	• 도수 정복 및 골수강 내 금속적 삽입술(1차 수술) 시행
	17 : 00	• 휀타닐(Fentanyl), 트로락(Trolac) 등이 들어있는 자가통증조절장치 사용. 데메롤(Demerol) 등의 마약성 진통제 처방
	22 : 48경	• 수술 부위의 통증 호소. 통증으로 지속적으로 우는 모습이 관찰됨 = 진통제인 트리마돌 투여
	23 : 15경	• 다시 수술 부위의 극심한 통증 호소
	23 : 29경	• 우측 하지의 동통 호소하면서 우는 모습이 관찰되어 주치의에게 보고됨
	23 : 47경	• 원고를 자세히 관찰한 후 원고에게 TKR(total knee replacement, 인공관절치환술) 베개를 사용하라는 지시. 진통제인 데메롤 25mg 투여 처방
2006. 9. 16.	00 : 09경	• 데메롤 25mg 주사

날짜	시간	사건 개요
2006. 9. 16.	02 : 00경	• 잠듦
	07 : 10경	• 회진 시 동통이 견딜만 하다고 함 • 우측 족지 신전이 약간 감소는 있으나 가능한 상태이며, 족지의 수동적 운동시 심한 통증 없음
	08 : 13경 및 16 : 48경	• 간호사의 관찰 시 통증 호소 없음
	17 : 56경	• 간호사의 관찰 시 우측 엄지발가락에 감각 없음이 확인되어 주치의에게 보고됨
	23 : 36경	• 간호사의 관찰시 우측 엄지발가락의 감각 감소와 운동 저하가 관찰됨
2006. 9. 17.	00 : 10경	• 당직의가 원고를 보고 감
	05 : 28경	• 간호사의 관찰 시 우측 1, 2, 3 족지에 감각과 운동이 여전히 없음 확인
	08 : 00경	• 중증도의 메스꺼움 호소
	08 : 05경	• 자가통증조절장치 사용 중지
	08 : 10경	• 우측 엄지발가락에 감각과 운동 없음 확인
	16 : 00경	• 당직의가 수술부위 드레싱하면서 우측 발목과 엄지발가락을 발바닥 쪽으로 구부리는 것, 발목을 발등 쪽으로 구부리는 것 및 엄지발가락을 위로 구부리는 것이 가능하기는 하나 많이 감소되는 증상 확인
	17 : 20경	• 자가통증조절장치 제거 • 우측 엄지발가락에 감각과 운동 없음 확인
	23 : 18경	• 우측 엄지발가락에 감각 없음 확인
2006. 9. 18.	21 : 00경	• 회진 시 우측 엄지발가락 위로 굽히기가 거의 되지 않고 우측 발의 감각이 정상의 50%로 감소함. 심부비골부분감각이 정상의 20~30%로 감소됨을 확인 = 우측 하지의 구획증후군으로 진단. 근막절제술 시행하기로 결정 (조직압을 측정하거나 MRI검사, 근전도검사, 조직검사 및 혈관조영술 시행 사실 없음)
	22 : 00경	• 우측 하지에 근막절제술(2차 수술) 시행 = 수술 소견상 구획의 상부 근육은 1/3 정도 생존하여 있었고, 비

날짜	시간	사건 개요
2006. 9. 18.		골 골절부 이하의 근육은 괴사되어 있는 상태(약간의 색깔변화와 부분적으로 출혈있음)임
2007. 2. 2. 까지		• 우측 다리에 물리치료와 열전기치료 등의 재활치료 시행
		• 퇴원
현재		• 구획증후군으로 인한 우측 족관절의 천비골 신경 불완전마비, 심비골 신경 완전마비 및 비복감각 신경 마비 증상을 보임

2. 법원의 판단

가. 진단 지연 과실 여부: 법원 불인정(제1심) → 법원 인정(항소심)

(1) 제1심

○ 환자 측 주장

피고 병원은 1차 수술 후 원고에게 구획증후군의 증상이 나타났음에도 경과관찰을 소홀히 하여 이를 제때 진단하지 못하였고, 구획증후군이 의심되는 경우 조직내 압력을 측정하여 구획증후군에 대한 확진을 내려야 함에도 이와 같은 조치를 취하지 아니하였다.

○ 법원 판단

① 환자는 수술 당일 자정 무렵 극심한 통증을 호소하였으나 2007. 9. 16. 아침부터는 그 통증의 정도가 감소된 점, ② 2007. 9. 16. 아침 회진 시 환자는 주치의에게 동통이 견딜만하다고 얘기하였고, 주치의가 원고의 발가락을 신연시킬 때에도 극심한 통증을 호소하지 않은 점, ③ 부종과 관련하여서도 환자의 수술 부위의 부종은 전형적인 구획증후군에 비해 심하지 않았고, 시간이 경과하면서 오히려 감소하기도 한 점, ④ 2차 수술 소견상 문제된 구획의 상부 근육은 1/3 정도 생존하여 있었고, 비골 골절부 이하의 근육은 괴사되어 있는 상태였는데, 만약 구획증후군이 전형적으로 진행되었다면 문제된 근육 모두가 괴사되었을 것인 점 등을 고려하면, 환자에게 발생한 구획증후군 증상의 진행은 비전형적이었다고 판단된다.

환자에게 나타난 증상은 구획증후군의 진행으로서는 전형적이지 않아 피고 병원 의료진이 구획증후군의 가능성을 염두에 두고 원고의 경과를 지속적으로 관찰해 왔고 그러던 도중 환자의 신경 증상이 악화되자 구획증후군으로 의심하고 곧바로 근막 절제술을 시행하였으며, 수술 후 비로소 구획증후군으로 확진한 사실을 고려하여 피고 병원 의료진에게 경과관찰의무를 소홀히 하여 구획증후군의 진단을 제때 못한 과실이 있다고 보기 어렵다.

또한 ① 아직까지 의료계에서 조직압 측정과 수술적 치료의 적응 사이에 논란이 있어 조직압 측정이 보편화되었다고 보기 어려운 점, ② 조직압 측정만으로 바로 구획증후군을 확진할 수 없고, 경우에 따라서는 조직압 측정이 구획증후군을 진단하는데 오히려 방해가 되기도 하는 점, ③ 피고 병원 의료진은 환자의 통증, 감각, 운동, 신경마비 등을 종합적으로 고려하여 환자에게 구획증후군 발생이 의심된다고 판단하고 근막 절제술을 시행한 점 등을 고려하여 구획증후군이 의심되는 경우 반드시 환자의 조직내 압력을 측정하여 구획증후군에 대한 확진을 내려야 할 주의의무가 있다고 보기 어렵고 조직압 측정검사를 하지 않았다는 이유만으로는 환자의 주장을 인정하기 어렵다.

(2) 항소심

○ 환자 측 주장

제1심의 주장에 추가하여 구획증후군의 증상이 나타났을 시 수술부위 주변의 압박붕대 등을 신속하게 제거하지 않았다.

○ 의료진 측 주장

1차 수술 후 환자를 매일 1회 이상 회진하면서 원고의 수술 부위를 드레싱하고 환자의 부종, 피부변색 등을 확인하였고, 2006. 9. 17. 00 : 30경과 9. 18. 아침에 전화를 통해 환자의 상태를 보고받는 등 환자에 대한 경과 관찰을 소홀히 하지 않았다. 또한 2차 수술 당시 환자의 구획 상부 1/3의 근육이 생존하여 있었고 하부의 근육이 색깔변화와 함께 일부 출혈 소견을 보인 점을 고려하면 환자에게 발생한 구획증후군은 동통이 매우 심하고 근육 전부가 괴사되는 통상의 구획증후군과는 달리 서서히 비전형적으로 진행되었다고 판단되어 구획증후군의 진단과 수술을 지연시킨 과실이 있다고 할 수 없다.

○ 법원 판단

제1심의 판단과는 달리 환자는 2006. 9. 16 17 : 56경 및 23 : 36경 감각감소와 운동저하가 확인되었고 이후에 2차 수술이 결정되기 전까지 감각감소와 운동저하가 계속되었으므로 피고 병원 의료진은 적어도 이 시점에는 구획증후군 발생을 의심하고 압박붕대를 제거하고 원고의 상태를 세밀히 관찰하여야 함에도 2006. 9. 18. 21 : 00경 약 이틀간 수술부위를 드레싱하고 감각의 변화만을 관찰하게 하는 등 당직의로 하여금 2회에 걸쳐 원고의 상태를 살피기만 하였을 뿐 그 외에 구획증후군에 대한 1차적 처치인 압박붕대를 제거하거나 직접 원고의 감각이상 등을 확인하고 집중 관찰하는 등의 조치를 취하지 않아(전화를 통하여 상태를 보고받았다는 피고의 주장은 달리 인정할 증거가 없어 인정하지 않음) 경과 관찰을 소홀히 한 과실을 인정한다.

환자가 2006. 9. 15. 자정 무렵 극심한 통증을 호소하다가 2006. 9. 16. 07 : 10경 회진 시 통증이 감소되었음을 표현하고 08 : 13경 및 16 : 48경 통증호소도 하지 않는 등 원고의 통증이 감소한 것은 구획증후군의 진행경과로서 나타난 허혈 심화에 따른 것으로 보이므로 원고의 구획증후군이 비전형적으로 진행하였다고 보기 어려우며 구획증후군을 의심할 수 있는 감각감소와 운동저하가 2006. 9. 16. 17 : 56경에 이미 나타나 2차 수술 당시 구획 일부의 근육이 생존하여 있다는 점만으로 피고 병원 의료진의 진단 지체의 과실이 없다고 볼 수 없어 피고의 주장을 인정하지 않는다.

나. 설명의무위반 여부: 법원 불인정(제1심) → 법원 인정(항소심)

(1) 제1심

○ 환자 측 주장

피고 병원은 1차 수술을 시행함에 있어서 수술 후 나타날 수 있는 구획증후군 등 부작용에 대하여 환자들에게 구체적인 설명을 하지 않아 1차 수술의 필요성이나 위험성을 충분히 비교하여 그 의료행위를 받을 것인지 여부를 결정할 수 있는 권리를 침해하였고, 1차 수술 후 나타난 구획증후군에 대하여도 뒤늦게 설명하여 원고들의 적절한 치료방법을 선택할 수 있는 기회를 상실하게 하였다.

○ 법원 판단

피고 병원 의료진이 1차 수술의 부작용을 설명하지 않았다는 것을 인정할 증거가 없고, 기재된 변론을 보면 오히려 1차 수술을 하기 전은 물론이고 그 이후에도 원고들에게 구획증후군 및 그 발생가능성에 대하여 설명한 사실을 인정하여 환자 측의 주장을 인정하지 않습니다(않는다).

(2) 항소심

○ 환자 측 주장

1차 수술 후 원고에게 휀타닐과 트로락이 함유된 자가진통조절장치(PCA), 휀타닐이 들어있는 듀로제식패치(Durogesic patch)를 사용함에 있어 환자에게 위와 같은 마약성 진통제의 효과와 투여 이유, 그것이 구획증후군으로 인하여 발생하는 통증에 미치는 효과 등을 설명하지 않았고, 2차 수술 전에 원고에게 발생할 수 있는 구획증후군에 대한 설명을 제대로 하지 않아 환자는 피고 병원 의료진에게 구획증후군으로 인하여 발생한 통증과 감각이상, 운동능력 저하 등을 정확하게 표현하지 못하였다.

○ 의료인 측 주장

자가통증조절장치의 사용에 대하여 환자에게 설명하였을 뿐만 아니라 입원 당시 구획증후군의 가능성에 대하여 설명하였고, 1차 수술 당일 자정 무렵 환자가 극심한 통증을 호소하다가 다음날 07:10경 회진시 통증이 견딜만하다고 하였으며 우측 발가락을 수동적으로 운동시킬 때에도 심한 통증을 호소하지 않았으며 08:13경 및 16:48경 통증호소를 하지 않았다.

○ 법원 판단

구획증후군은 시간이 지나면서 통증이 감소하게 되고 마약성 진통제를 많이 처방한 환자의 경우 임상적 진단을 내릴 수 있는 이러한 방법들이 알기 어려워지므로 피고 병원 의료진은 1차 수술 후 환자에게 자가통증조절장치와 듀로제식패치를 사용함에 있어서 환자가 구획증후군으로 인한 통증을 의료진에게 제대로 표현할 수 있도록 마약성 진통제의 효과와 그 투여이유, 구획증후군으로 인한 통증에 미치는 효과 등을 설명하여야 한다. 그러나 피고 병원 의료진이 이러한 설명 의무를 이행하였다고 인정할 증거가 없어 피고의 과실을 인정하였다.

다. 진통제 과다 처방의 과실 여부: 법원 인정(항소심)

(1) 환자 측 주장

피고 병원 의료진이 1차 수술 후 원고에게 휀타닐(Fentanyl), 트로락(Trolac) 및 데메롤(Demerol) 등의 마약성 진통제를 과다하게 처방하여 환자에게 발생한 구획증후군의 전형적인 증세인 통증을 조기에 확인하지 못하였다.

(2) 의료인 측 주장

듀로제식패치(Durogesic patch)를 사용한 적이 없으며, 원고에게 사용한 자가통증조절장치, 데메롤 등은 격렬한 동통의 진정목적으로 1차 수술과 같은 정형외과 수술 이후 통상적으로 사용되는 진통제로, 피고 병원 의료진은 이 진통제를 정해진 통상적인 용법과 용법에 따라 사용하였기 때문에 과다처방하였다고 볼 수 없다.

(3) 법원 판단

피고 병원 의료진이 1차 수술 후 원고에게 사용한 자가통증조절장치로 투여된 휀타닐과 트로락이 보편적으로 사용되는 마약성 진통제였고, 그 투여량 역시 성인 여자에게 통상적으로 투여되는 양의 범위 내였던 사실은 인정하나, 마약성 진통제를 많이 처방한 환자의 경우 구획증후군의 진단을 내릴 수 있는 통증을 알기 어려워져 구획증후군이 임박했다는 어떠한 임상적 진단이라도 있을 경우엔 마약성 진통제의 투여는 매우 신중해야 하며 구획증후군이 완전히 진행된 경우엔 동통이 감소할 수 있어 이러한 변화 관찰을 위해 마약성 진통제의 투여는 최소화하여야 하며 듀로제식패치를 부착하는 경우 구획증후군의 진단이 모호하거나 지연될 가능성이 있다. 환자는 경비골절 환자로 구획증후군의 발생가능성이 높아 마약성 진통제를 사용하였음에도 심한 통증을 호소하였고 2006. 9. 16. 17 : 56경 구획증후군의 후기증상으로 감각감소와 운동저하를 보이기 시작하였으므로, 2006. 9. 15. 22 : 48경 수술부위에 매우 심한 통증을 호소한 시점부터 자가통증조절장치와 듀로제식패치의 사용을 중지하거나 적어도 원고에게 감각감소 등이 나타난 2006. 9. 16. 17 : 56경부터는 자가통증조절장치의 사용을 중지하고 원고의 통증 등의 증상이 구획증후군에 의한 것인지를 확인하여야 할 주의의무가 있었음에도 피고 병원 의료진은 자가통증조절장치를 2006. 9. 17. 08 : 05경까지 사용하도록 하였고 듀로제식패치도 그때까지 계속 사용하도록 하여 마약성 진통제를 과다하게 처방하여 구획증후군으로 인한 원고의 통증 등의 증상을 제때에 확인하지 못한 과실이 있음을 인정한다.

라. 검사를 시행하지 않은 과실 여부: 법원 인정(항소심)

(1) 환자 측 주장

환자에게 감각이상과 운동감소가 나타나 구획증후군의 발생이 의심되었으므로 확진을 위하여 조직압을 측정하거나 구획증후군의 진단에 도움이 되는 MRI검사, 근전도검사 또는 조직검사 등을 실시하여야 함에도 이를 하지 않았다.

(2) 의료진 측 주장

의료진은 구획증후군의 확진을 위해 반드시 조직압을 측정하여야 한다고 할 수 없으며 MRI검사나 근전도검사, 조직검사 등은 일반적으로 구획증후군의 경우에 실시하는 진단용 검사가 아니다.

(3) 법원 판단

의학계에는 조직압 측정을 통하여 구획증후군을 확진할 수 없다는 의학적 견해도 있으나 대부분의 경우 임상 소견으로 구획증후군이 의심되면 혈압계와 생리식염수를 주입한 주사기로 조직압을 측정하여 구획증후군을 확진하고, 근전도검사나 조직검사, MRI검사, 혈관조영술도 구획증후군의 진단에 도움이 되어 이러한 검사 등을 실시하여야 할 주의의무가 있다. 원고의 경우 2006. 9. 16.경 구획증후군을 의심할 수 있는 감각상실과 운동감소가 나타났으며 이러한 구획증후군이 의심되는 원고에게 그 확진을 위한 조직압을 측정하거나 진단에 도움이 되는 검사 등을 실시하지 않은 과실이 있음을 인정한다.

3. 손해배상범위 및 책임제한

가. 의료진 측의 손해배상책임 범위: 기각(제1심) → 40% 제한(항소심)
나. 제한 이유

(1) 원고의 구획증후군은 원고가 입은 우측 경비골 간부 및 족관절 골절의 합병

증으로 인하여 발생한 것으로 보여 원고의 구획증후군 발생에 대한 책임을 피고 병원에만 돌릴 수 없는 점

(2) 원고는 입원 당시부터 감각이 발등에서 발가락까지 전체적으로 둔한 느낌을 호소하여 피고 병원 의료진은 1차 수술 후 2006. 9. 16. 07 : 10경 원고에 대한 회진 시 나타난 구획증후군으로 인한 증상인 우측 족지 신전의 감소를 별다른 의미가 없는 것으로 판단한 것으로 보이는 점

(3) 구획증후군에 대한 처치인 근막절제술은 심각한 감염의 위험성이 있는 점, 원고와 같이 피고 병원 입원 당시 우측 비골 및 경골 신경 손상이 동반된 환자의 경우는 때때로 구획내압 측정이 없이는 신경손상과 구획증후군을 감별하기 어려운 점

다. 손해배상책임의 범위

(1) 제1심

① 청구금액: 128,746,308원

(2) 항소심

① 청구금액: 128,746,308원

② 인용금액: 54,756,766원
  - 일실수입 및 보조구비: 39,590,098원(65,983,497원×40%)
  - 치료비, 약제비 및 보조구 구입비: 3,166,668원(7,916,670원×40%)
  - 위자료: 12,000,000원

4. 사건 원인 분석

계단에서 발을 헛디뎌 병원에 내원한 환자가 우측 경비골 간부 및 족관절 골절, 우측 비골 및 경골 신경 손상으로 진단받아 도수 정복 및 골수강내 금속적 삽입술을 시행하고 자가통증조절장치 등의 마약성 진통제를 처방하였으나 수술 부위의 극심한 통증을 호소하여 마약성 진통제를 추가 처방하였다. 그 후 통증 호소는 없었으나 감각이 감소하고 운동저하가 관찰되어 의료진은 우측 하지의 구획증후군으로 진단하여 근막절제술을 시행하고 재활치료를 하였으나 현재 구획증후군으로 인한 우측 족관절

의 천비골 신경 불완전마비, 심비골 신경 완전 마비 및 보복감각 신경 마비 증상이 있는 사건이다. 이 사건과 관련된 문제점 및 원인을 분석해본 결과는 다음과 같다.

의료진은 보편적으로 사용되는 마약성 진통제를 사용하였고 그 투여량 역시 통상적으로 투여되는 양의 범위 내에 있어 환자의 통증이 감소하는 증상을 구획증후군의 진행 경과로 나타나는 것이 아닌 상태가 호전되고 있는 것이라고 판단하였을 것으로 생각된다. 그러나 진통제를 투여하였음에도 통증을 계속하여 호소하였기 때문에 구획증후군을 의심해야 함에도 하지 않아 진단과 치료를 위한 노력을 하지 않았다. 통증만으로는 구획증후군을 의심하기 어려우나, 골수강내 고정 수술의 경우 수술 시 다리의 부종 정도를 통하여 구획압이 증가되어 있음을 어느 정도 인지할 수 있으며, 대체로 수술 후 골절부 동통은 감소되므로 수술 전보다 수술 후에 동통이 더 심하다면 환자에게 문제가 있다고 의심해야 한다(〈표 9〉 참조).

〈표 9〉 원인분석

분석의 수준	질문	조사결과
왜 일어났는가? (사건이 일어났을 때의 과정 또는 활동)	전체 과정에서 그 단계는 무엇인가?	− 수술 후 환자 관리 단계
가장 근접한 요인은 무엇이었는가? (인적 요인, 시스템 요인)	어떤 인적 요인이 결과에 관련 있는가?	• 의료인 측 − 수술 후 환자 관리 소홀(구획증후군에 대한 의심, 진단, 치료 미시행)
	시스템은 어떻게 결과에 영향을 끼쳤는가?	

5. 재발 방지 대책

원인별 재발방지 대책은 〈그림 9〉와 같으며, 다음과 같은 의료인의 행위에 관한 재발방지 대책이 필요하다.

〈그림 9〉 판례 9 원인별 재발방지 사항

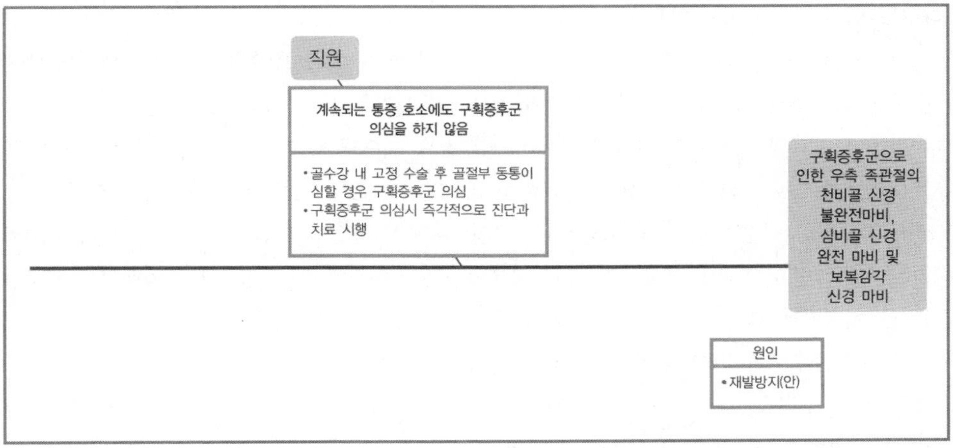

```
                        ┌──────┐
                        │ 직원 │
                        └──────┘

        ┌──────────────────────────────┐
        │ 계속되는 통증 호소에도 구획증후군   │
        │ 의심을 하지 않음                 │
        ├──────────────────────────────┤              ┌──────────────┐
        │ •골수강 내 고정 수술 후 골절부 동통이  │              │ 구획증후군으로  │
        │  심할 경우 구획증후군 의심         │              │ 인한 우측 족관절의 │
        │ •구획증후군 의심시 즉각적으로 진단과  │              │ 천비골 신경     │
        │  치료 시행                      │              │ 불완전마비,     │
        └──────────────────────────────┘              │ 심비골 신경     │
                                                      │ 완전 마비 및    │
                                                      │ 보복감각       │
                                                      │ 신경 마비      │
                                                      └──────────────┘

                                        ┌──────────┐
                                        │   원인    │
                                        ├──────────┤
                                        │ •재발방지(안) │
                                        └──────────┘
```

(1) 의료인의 행위에 대한 검토사항

골절 고정 수술 후 환자가 계속하여 수술 부위의 통증을 호소하면 구획증후군에 대해 의심하여야 한다. 조기진단이 중요하기 때문에 신속하게 진단을 하고 이에 알맞은 치료를 시행하여야 한다.

┃참고자료┃ 사건과 관련된 의학적 소견[4]

○ 구획증후군

(1) 구획증후군은 근막에 둘러싸인 폐쇄된 구획(compartment) 내의 조직압이 높아져서 모세혈관에서의 관류가 저하되어 마침내는 구획내의 근육과 신경 등 연부 조직이 괴사하면서 나타나는 임상 증상을 통칭하는 용어이다.

(2) 구획증후군이 발생하면 근육이 주로 손상을 받게 되며, 근육이 비가역적인 변화에 빠지게 되면 허혈성 근괴사가 일어나고 치유되면서 섬유화가 되어 근육의 수축이완기능이 없어지며 관절이 구축되어 이환된 사지의 기능이 심각하게 저하되고, 신경이 근육보다는 허혈에 잘 견디지만, 증가된 구획압에 오랫동안 노출될 경우에는 신경도 허혈성 괴사에 빠져 신경손상이 오며, 영구적인 신경마비가 올 수도 있다. 구획증후군이 일단 발생한 경우에는 적절하게 치료를 하지 못하면 치명적인 후유증이 남기 때문에 발생가능성이 있는 경우에는 처음부터 관심을 가지고 철저하게 진찰하여 빠른 진단과 적극적 치료로 대처하여야 한다.

(3) 구획증후군이 가장 잘 생기는 곳은 하퇴부의 전방 구획이다.

(4) 급성 구획증후군의 가장 흔한 원인은 골절 등의 외상이다.

(5) 조직압은 높아져 있으나 아직 조직의 괴사가 발생하지 않은 상태를 임박형 구획증후군이라 하고, 조직의 괴사가 발생한 경우를 확정형 구획증후군이라 한다.

(6) 구획증후군의 증상으로는 '5P 징후'가 있는데, 동통(pain), 부종으로 인한 창백(pallor), 이상 감각(paresthesia), 마비(paralysis), 무맥(pulselessness) 등이 나타날 수 있다. 이 중 가장 빨리 나타나고 가장 중요한 것이 동통으로서 주로 심부에 불분명한 경계로 나타나며, 침범된 부위의 근육을 수동적으로 신연시킬 때, 즉 다른 사람이 움직일 때 격렬한 통증이 발생한다. 이는 참기 힘들고 진통제로도 진정이 되지 않는 경우가 많고, 골절 등 손상으로 기대되는 정도보다 훨씬 심하고 지속적이다. 비록 외상에 비해 더 큰 통증이 지속되는 것이 구획증후군이 임박했다는 가장 기본적인 임상적 소견이지만 시간이 지나면서 허혈이 심화됨에 따라 이 통증은 감소하게 된다는 것이 중요하다. 또한 마약성 진통제를 많이 처방한 환자의 경우엔, 임상적 진단을 내릴 수 있는 이러한 방법들이 알기 어려워지므로 구획증후군이 임박했다는 어떠한 임상적 판단이라도 있을 경우엔 마약성 진통제의 투여는 매우 신중히 해야 한다.

(7) 진단으로는, 급성구획증후군이 발생할 가능성이 있는 경우에는 구획증후군의 발생을 의

---

4) 해당 내용은 판결문에 수록된 내용임.

심하는 자세가 기본적으로 필요하고, 그런 경우 철저히 관찰하다가 구획증후군으로 진행하는 것이 확실하다고 판단되면, 임상적으로 추정 확진하여 즉시 치료를 시작하여 치료시기를 놓치지 않는 것이 중요하다. 일단 임상 소견으로 구획증후군이 의심되면 조금 더 객관적인 방법으로 혈압계와 생리식염수를 주입한 주사기로 조직압을 측정하여 확진을 내릴 수 있다. 이미 진행된 구획증후군의 경우는 근전도 검사나 조직 검사를 시행하여 근육의 괴사나 섬유화가 관찰되면 진단에 도움이 되며, MRI검사나 혈관조영술 등도 구획증후군의 진단에 도움이 된다. 의식이 있으며 협조적인 환자에서의 가장 믿을만한 신체검사소견은 감각의 결여이다. 운동약화는 비교적 나중에 나타나는 현상이고, 후기증상이므로 신속한 조치를 요한다.

(8) 근육은 2~4시간 후부터 기능적 변화가 나타나고 6~12시간 후부터 비가역적인 변화가 나타나기 시작한다. 일단 괴사에 빠진 다음에는 상태가 호전되더라도 근육의 자연적인 재생은 거의 불가능한 것으로 알려져 있으며, 신경은 완전한 허혈 상태에서 30분 이내에 기능적 변화가 발생하고 비가역적인 변화는 12시간에서 14시간 이후에 발생한다.

(9) 급성구획증후군의 치료는 응급을 요하며, 상승된 구획 내 압력을 낮추어 주어야 한다. 우선 조이는 석고붕대, 솜붕대 등을 절개하여야 하고, 이렇게만 해도 구획압을 50% 내지 80%까지 낮출 수 있다. 구획증후군이 의심될 때에 이러한 적절한 조치를 취하는 데도 불구하고, 30분에서 1시간 이내에 증상이 좋아지지 않고(조직압을 측정하여 조직압이 30mmHg 이상으로 증가된 경우) 구획증후군으로 진행하는 것이 임상적으로 확실하게 추정되면 즉시 근막절개술을 시행하여야 한다. 만약 치료가 늦어져서 구획증후군이 완전히 진행된 경우에는 구획 내의 근육들이 괴사되고 심한 경우에는 신경조직의 괴사까지 일어나며, 괴사된 조직들이 반흔 조직으로 서서히 치환되어 근육의 수축이완기능이 없어지고 차츰 섬유화되어 관절 구축과 강직이 초래됨으로써 기능이 없는 사지라는 좋지 않은 결과로 남는다. 증상 발현 후 25 내지 30시간 이내에 근막절개술을 하는 경우가 예후가 좋으나, 3일이나 4일이 지난 경우에는 그렇지 못하다. 실제로 그렇게 늦은 때에 수술을 시행하면 괴사된 근육이 녹아내리면서 심각한 감염을 일으켜 오히려 수술이 금지된다.

(10) 구획증후군의 40%가 경비골 골절 후 발생하고, 외국의 보고에 의하면, 경비골 골절 후 약 1 내지 10%에서 발생한다.

판례 10. 구획증후군의 발생 원인을 제공하고 적절한 조치를 취하지 못하여 이상감각증 및 운동제한 등을 겪게 사건_광주지방법원 목포지원 2008. 7. 22. 선고 2007가합1826 판결

1. 사건의 개요

왼쪽 팔목에 골절상을 입은 환자가 내원하여 석고고정술을 시행하고도 통증이 계속되어 타 병원에 내원하여 구획증후군으로 진단받아 깁스 시술 및 도수정복 및 금속내고정술을 받았음에도 이상감각증 및 운동제한과 불완전신경병증의 소견을 보이는 사건이다[광주지방법원 목포지원 2008. 7. 22. 선고 2007가합1826 판결]. 자세한 사건의 경과는 다음과 같다.

날짜	시간	사건 개요
2005. 7. 15.	10 : 00경	• 학교 복도에서 친구들과 장난하다가 넘어지면서 왼쪽 팔목에 골절상을 입음(환자 1994년생, 사고 당시 11세 3개월, 남자)
	10 : 28경	• 피고 병원 응급실에 내원
		• 피고 A가 좌측 전완부요골 척골골절상으로 진단
		• 왼쪽 팔을 상완 중간부위부터 고정하는 깁스 방법인 장상지 석고고정술 시행
	23 : 00경	• 깁스 부위에 대한 심한 통증을 호소하여 담당간호사가 진통주사제 1회 투여
		• 계속적으로 통증 호소
	23 : 30경	• 당직의에게 보고
		• 진통주사제 1회 투여
		• 계속적인 통증 호소
2005. 7. 16.	03 : 00경	• 경구약으로 진통제 1회 투약
	04 : 30경	• 진통주사제 1회 투여
	07 : 00경	• 다시 통증을 호소하여 확인함 = 왼손 부위에 상당한 부종이 발생해 있었음
	09 : 00경	• 회진하면서 수면 중인 원고의 상태 살핌

날짜	시간	사건 개요
2005. 7. 16.		= 약간의 부종과 손가락 부위 색깔이 약간 불그스레한 것 이외에 별다른 이상이 없다고 판단
	09 : 30경	• 잠에서 깬 원고가 손가락이 너무 아프고 불편하다고 호소 = 피고 병원 소속 응급구조사가 피고 A가 보는 가운데, 손가락 부위 석고 일부를 잘라줌
		• 피고 A는 원고로부터 통증이 심하고 좌측 상완부에 물집이 생긴 것 같다는 말을 들음
	12 : 00경	• 석고 고정 내부의 압력을 낮추고 상태를 관찰하기 위하여 외래진료실에서 깁스 전완부위의 석고 고정 일부를 제거하였으나, 약간의 부종 이외에 별다른 이상이 없다고 판단 • 원고의 퇴원요구에 따라 퇴원 허락
	13 : 30경	• 퇴원
		• 통증이 계속됨
2005. 7. 17.	09 : 54경	• B병원 응급실에 내원
		• 좌측 전완부에 심한 부종과 물집이 생긴 것을 보고 구획증후군으로 판단 • 당시 구획증후군이 발생한지 이미 12~24시간이 지나 비가역적 상태라고 판단 = 응급수술 대신 석고를 제거하고 상처를 소독한 다음 상처부위를 솜으로 감고서 반깁스 시술함
2005. 7. 17.~ 2005. 7. 21.		• B병원에서 통원치료
2005. 7. 22.		• 반깁스 제거 후 도수정복(뼈를 맞추는 수술) 및 금속내고정술 시행
2007. 8. 현재		• 좌측 전완부 이상감각증 호소하고 있고 좌측 관절 운동이 굴곡 0도 신전 5도, 엄지손가락 중수시지관절 운동이 굴곡 10도, 제2, 3, 4 수지 근위지간관절 및 원위지간관절 굴곡이 10도로 각 제한되어 있으며, 좌측 원위부 요척골에 진구성 골절, 좌측 전완부 불완전 요골신경병증, 불완전척골신경병증, 불완전 정중신경병증 소견을 보임

2. 법원의 판단

가. 구획증후군 발생원인 제공 및 적절한 조치를 취하지 못한 과실 여부: 법원 인정

(1) 환자 측 주장

피고 병원 소속 의사는 환자에게 깁스를 하는 과정에서 부러진 팔 부위가 부어오를 것을 제대로 예측하지 못한 채 너무 꽉 맞게 깁스를 하여 시술 후 깁스가 부어오른 상처부위를 심하게 압박하게 되는 등 구획증후군 발생 원인을 제공하였다. 그후 환자가 계속하여 깁스한 부위의 심한 통증을 호소하였으므로 혈액순환 장애 등을 예상하여 즉시 깁스를 푸는 등 구획증후군 발생 방지를 위해 필요한 조치를 취했어야 함에도 그러한 조치를 취하지 않았다. 그러한 상태로 상당한 시간이 경과하여 통증의 지속과 심한 부종 발생 등 구획증후군 증상이 나타났음에도 이를 제대로 진단하지 못하여 그 증상이 더 이상 악화되지 않도록 하는 조치를 취하지 못해 결국 구획증후군으로 인한 근육괴사가 발생하여 현재 장해 상태가 초래되었다.

(2) 의료진 측 주장

피고 병원에서는 환자에게 깁스 시술을 한 후 24시간 동안 입원시켜 관찰하였고, 통증 호소에 따라 깁스 전반부를 절단한 후 구획증후군 발생 여부를 확인하였으나 당시 감각이나 운동에 이상이 없고 수포도 발견되지 않았으므로 의료진 측에는 아무런 시술상 과실이 없고, 또한 나중에 환자에게 구획증후군이 발생하였다고 하더라도 의료진 측 의료행위와는 인과관계가 없으며, 오히려 피고병원에서 퇴원한 후 ○병원의 정형외과적 치료행위 등으로 인하여 구획증후군이 발생하였을 가능성이 높다.

(3) 법원 판단

① 의료진 측은 환자에게 통깁스 시술을 하면서 부종에 따른 압박을 방지할 수 있을 정도의 공간을 확보하지 않고 깁스를 하여 구획 내 압력이 증가되는 상태를 초래하였고, ② 구획 내 압력이 증가됨에 따라 환자가 2005. 7. 15. 23 : 00경 심한 통증을 호소하였고 2005. 7. 16. 09 : 00경까지 수차례의 진통제 투여에도 계속적인 통

증을 호소하였음에도 만연히 진통제만을 반복적으로 투여하였고, ③ 의료진이 구획증후군 발생 가능성을 염두에 두어 2005. 7. 16. 12 : 00경 환자의 전완부위 깁스 석고 일부를 제거하였다면 창백·이상감각·마비·맥박의 유무·동통이 계속되는지 여부를 면밀히 살피고, 동통이 계속될 경우 석고 전부를 제거하고 조직압을 측정하여 구획증후군인지 여부를 확진한 후 그에 따른 조치를 취하였어야 함에도, 깁스 일부만을 제거한 후 다소 동통이 감소하였다고 하여 별다른 조치 없이 환자의 퇴원을 허락한 점을 고려하여 병원 의료진이 구획증후군이 발생하지 아니하도록 적절한 조치를 취하지 않았거나, 구획증후군으로 의심할 만한 사정들이 있었음에도 치료나 악화방지를 위해 적극적인 검사나 수술을 시행하지 않았다고 인정한다.

B병원에서 환자 측이 내원하였을 당시 부종이 심하고 전체적으로 수포가 형성된 상태였고 통깁스 시술 후 24시간 이상이 경과한 점에 비추어 이미 구획증후군이 발생하여 비가역적 상태가 되었다고 판단하여 구획증후군 확진을 위한 검사나 근막절개술 등 적극적인 시술을 행하지 않았고, 만일 B병원이 위와 같은 적극적인 시술을 행하였다면 다른 결과가 되었을 가능성도 배제할 수 없기는 하나, 이러한 사정만으로는 의료진의 책임이 없다고 인정하기는 어렵다.

3. 손해배상범위 및 책임제한

가. 의료진 측의 손해배상책임 범위: 60% 제한

나. 제한 이유

(1) 의료진 측의 의료과실로 인하여 환자에게 구획증후군이 발생하였고 그로 인하여 환자가 장해를 입은 사실을 인정하고, 한편 일반적으로 소아 환자를 치료함에 있어 처음부터 골절 부위 부종의 정도를 정확히 예측하여 그에 맞추어 깁스를 하거나 부종으로 인한 통증이 지속되었다고 하더라도 그것이 구획증후군의 발생으로 인한 것인지 여부를 곧바로 진단하는 것은 쉽지 않은 점

(2) 구획증후군이 일단 발생한 후에는, 허혈상태에서 근육은 약 6시간, 신경은 약 12시간이 지나면 비가역적인 변화로 섬유화되어 이때에는 적절한 조치를 취하더라도 상당히 많은 경우에 근육 또는 신경의 손상으로 인한 관절 구축과 강직 등의 후

유증이 발생할 수 있어 피고 측이 최선의 조치를 다하였더라도 원고가 완전하게 회복되었을 것이라고 단정하기는 어려운 점

(3) 피고 측의 진료상 과실이 적극적인 침습행위에 기인한 것이라기보다는 환자의 증상을 좀 더 적극적으로 관찰하지 아니한 것에서 비롯된 것으로 볼 수 있는 점

(4) 원고 측에서도 퇴원 후에 그 전과 같이 통증이 계속되었다면 다시 피고병원에 문의하는 등의 조치를 취하였어야 함에도 20시간가량이 지난 후에야 ○병원에 내원한 점 등

다. 손해배상책임의 범위

(1) 청구금액: 130,752,356원

(2) 인용금액: 60,460,582원

 - 총 45,460,582원: (73,221,269원 + 2,023,170원 + 523,198원)×60%

   = 일실수입: 73,221,269원

   = 기왕치료비: 2,023,170원

   = 개호비: 523,198원

 - 위자료: 15,000,000원

4. 사건 원인 분석

이 사건에서는 왼쪽 팔목에 골절상을 입은 환자가 응급실로 내원하여 좌측 전완부요골 척골골절상으로 진단받아 장상지 석고고정술을 시행하였고 그 후 심한 통증호소를 하여 진통제를 투여 받았음에도 호전되지 않아 확인한 결과 왼손에 부종이 발생해 있었다. 압력을 낮추고 상태를 관찰하기 위해 석고를 일부 제거하였으나 부종 외에는 별다른 이상이 없다고 판단하여 퇴원하였음에도 통증이 계속되어 타병원에 내원하였더니 구획증후군으로 판단하였으나 구획증후군이 발생한지 이미 오랜 시간이 지나 비가역적 상태로 판단하여 응급수술 대신 반깁스 시술을 받고 도수정복 및 금속내고정술을 받았음에도 좌측 전완부 이상감각증을 호소하고 관절운동이 제한되어있으며 불완전신경병증 소견을 보이고 있다. 이 사건과 관련된 문제점 및 원인을

분석해본 결과는 다음과 같다.

첫째, 의료진은 환자에게 통깁스를 하면서 부종에 따른 압박을 방지할 수 있을 정도의 공간을 확보하지 않아 구획 내 압력이 증가하는 상태가 초래되었다. 소아의 팔꿈치 및 팔목 골절은 구획증후군의 위험성이 잘 알려진 손상이기 때문에 전문의가 늘 관심을 가져야 하며 내원 초의 반깁스(splint) 및 상지 거상(elevation)이 매우 중요하다. 내원 당시의 지나치게 조이는 압박 드레싱이나 원통형 석고고정은 바람직하지 않다는 자문의견이 있었다.

둘째, 2005. 7. 15. 23 : 00경부터 04 : 30경까지 지속적으로 호소한 통증에 대해 부위를 관찰하고 사정하는 등의 행위 없이 진통제만을 투여하였다. 또 2005. 7. 16. 07 : 00경 통증 호소에 확인한 결과 상당한 부종이 발생해있었음에도 조치를 취하지 않은 것으로 보인다. 이에 대해 자문위원은 피고 병원에서 수술을 고려하지 않았고 원통형 석고로 치료하고자 했던 것으로 보여 처치가 늦어진 것으로 보인다는 의견이다. 또한 수술이 필요치 않은 상황이었다면 처음에는 반깁스 고정 및 상지 거상을 하면서 경과를 잘 관찰했어야 했다는 의견을 제시하였다.

셋째, 퇴원과 관련된 교육이 미흡하였던 것으로 생각된다. 법원에서 피고의 책임제한 이유로 제시한 것 중 통증이 계속되었다면 다시 피고병원에 문의하는 등의 조치를 취했어야 한다. 이러한 조치는 퇴원 교육이 제대로 이루어졌다면 충분히 환자 쪽에서 취할 수 있었을 조치라고 생각된다. 자문위원은 만일 의료진이 구획증후군을 염두에 두고 있다면, 퇴원 시 동통, 감각, 운동 등 여러 증상의 악화가 보일 시 즉시 내원해서 적절한 조치를 해야 함을 주지시킨 뒤 퇴원시켜야 한다고 하였다(〈표 10〉 참조).

〈표 10〉 원인분석

분석의 수준	질문	조사결과
왜 일어났는가? (사건이 일어났을 때의 과정 또는 활동)	전체 과정에서 그 단계는 무엇인가?	−진단 및 처치 단계 −주말동안의 진료 −퇴원 시 환자 사정 단계
가장 근접한 요인은 무엇이었는가? (인적 요인, 시스템 요인)	어떤 인적 요인이 결과에 관련 있는가?	•환자 측 −뒤늦은 내원(구획증후군 증상에도 늦게 내원함) •의료인 측 −치료 방법 선택 오류(소아의 팔꿈치 및 팔목 골절에 적 합하지 않은 통깁스 시술 시행) −진단 및 처치 지연(구획증후군 증상에도 의심, 진단, 처 치하지 않음, 처치 시행 후 적절한 환자관찰 미흡) −주말로 인한 처치 지연(구획증후군 발생 가능성이 높은 환자에 대한 관심 부족) −퇴원 사정 미흡(환자에게 내원하여야 하는 경우에 대한 설명 미흡)
	시스템은 어떻게 결과에 영향을 끼쳤는가?	•의료기관 내 −주말 당직제 미흡 −적절한 퇴원 사정을 위한 환자용 퇴원교육자료 부재

5. 재발 방지 대책

원인별 재발방지 대책은 〈그림 10〉와 같으며, 각 주체별 재발방지 대책은 아래와 같다.

〈그림 10〉 판례 10 원인별 재발방지 사항

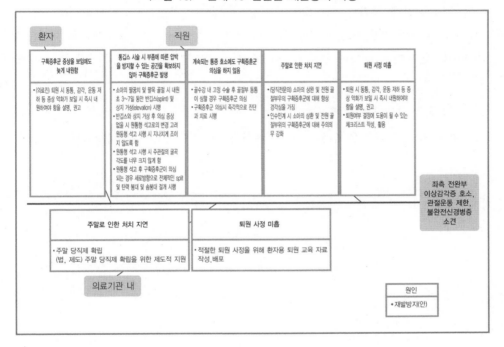

(1) 의료인의 행위에 대한 검토사항

소아의 팔꿈치 및 팔목 골절 시에는 구획증후군의 발생 가능성이 높기 때문에 늘 염두에 두고 진료를 해야 한다. 처음에는 통깁스는 적합하지 않으며 반깁스와 상지 거상을 하여야 하며, 의심 증상이 없을 시에 원통형 석고의 통깁스로의 변경을 고려하여야 한다. 통깁스를 시행할 시에도 지나치게 조이지 않도록 하고 관절의 굴곡 각도를 너무 크지 않도록 하는 등 주의를 기울여야 한다. 당직의도 항상 소아의 상완 및 전원 골절 부위의 구획증후군에 대해 경각심을 가져야 하며 인수인계시에도 주의 의무를 강화하여야 한다. 환자가 계속하여 통증호소를 할 경우에는 구획증후군에 의심하고 즉각적으로 진단 및 치료를 하여야 한다.

환자가 퇴원할 때에는 체크리스트를 작성하여 환자의 퇴원 여부를 결정에 도움이 될 수 있도록 하며, 환자에게 즉시 내원하여야 하는 상황을 설명하고 의심 증상 발생 시 즉시 내원하도록 권고하여야 한다.

(2) 의료기관의 운영체제에 관한 검토사항

주말 동안에 적절한 진료가 이루어질 수 있도록 주말 당직제를 확립하여야 한다. 또한 환자에 대한 적절한 퇴원 사정을 위하여 환자용 퇴원 교육자료를 제작하고 퇴원하는 환자에게 배포하여 퇴원 후에도 환자 관리가 제대로 이루어질 수 있도록 한다.

(3) 국가·지방자치단체 차원의 검토사항

주말 당직제 확립을 위한 국가적 차원의 지원을 할 수 있도록 한다.

┃참고자료┃ 사건과 관련된 의학적 소견5)

(1) 구획증후군이란 근막에 둘러싸인 폐쇄된 구획 내의 조직압이 올라가서 미세 순환이 저해되어 모세혈관에서 관류가 저하됨으로써 구획 내 근육 및 기타 연부 조직의 괴사가 발생하여 신경 및 혈관에도 순환 장애와 압박에 의한 손상이 발생하는 것을 말한다. 그 원인은 크게 구획의 크기 감소와 구획 내 내용물의 증가로 나눌 수 있는데, 구획의 크기 감소(외적 요인)는 막 결손의 봉합, 꽉 조이는 드레싱, 국소적 외부 압박의 경우에 발생하고, 구획 내 내용물의 증가(내적 요인)는 출혈, 모세혈관 투과도의 증가, 모세혈관압의 증가, 근육비대, 주사액의 침습 등의 경우에 발생하게 된다. 구획증후군으로 인한 신경 및 혈관손상을 방지하기 위해서, 수술 과정에서는 근막의 과도한 봉합을 방지(필요한 경우 상처를 개방하여 둠)하여야 하고, 수술 후 처치 시에는 꽉 조이는 드레싱이나 석고 고정을 피해야 한다.

(2) 구획증후군의 증상으로 소외 '5P증후'인 동통, 창백, 이상감각, 마비, 맥박소실 등이 있는데, 그 중 가장 중요하며 맨 처음 나타나는 증상은 동통으로서 일차적 손상으로 기대되는 정도보다 심하고 침범된 부위의 근육을 수동적으로 신연시킬 때 동통이 악화된다. 가장 먼저 나타는 증상은 조직 내 압력 증가의 직접적인 표현인 부어오른 팽팽한 구획인데, 이 팽팽함은 손상 부위에만 국한되지 않고 구획 전역에 걸쳐 나타나며, 그 위의 피부는 반들거리고 따뜻해진다. 붕대와 석고는 구획을 덮고 있어 진찰을 방해하기 때문에 구획증후군이 의심되면 제일 먼저 이들을 제거해야 된다. 조직 내 압력이 30mmHg 이상이 되면 이상감각이 나타나기 시작한다.

(3) 의료진은 구획증후군의 발생 여부를 확인하기 위해서 임상적인 증상인 통증, 창백, 이상감각, 마비, 무맥 등의 증상을 확인하고 조직압을 측정하여야 한다. 검사 조직 내 압력 측정으로 구획증후군의 확진을 내릴 수 있는데, 바늘을 국소 구획에 찌르고 생리식염수를 조금씩 주입하면서 나타나는 압력을 측정한다. 임상적으로 위 증상 중 동통이 손상에 비하여 심하게 호소하는 경우 강하게 의심할 수 있다.

(4) 의료진은 구획증후군이 발생한 것을 감지하였을 때, 상승된 구획 내 압력을 내려주는 처치를 시행하여야 하고, 우선 조이는 드레싱이나 석고 붕대를 제거하여야 한다. 그리고나서도 호전이 없는 경우 근막절개술을 시행하여 조직압을 내려야 한다.

(5) 일단 구획증후군이 발생하게 되면, 근육은 2~4시간 후부터 기능적 변화가 나타나고,

---

5) 해당 내용은 판결문에 수록된 내용입니다.

6~12시간 후부터 비가역적 변화가 나타난다. 일단 근육이 괴사에 빠진 다음에는 상태가 호전되더라도 근육의 자연적인 재생은 거의 불가능한 것으로 알려져 있고, 신경은 완전한 허혈 상태에서 30분 이내에 기능적 변화가 발생하며, 비가역적인 변화는 12~24시간 이후에 발생한다. 그러므로 대개 6~12시간 이내에 근막절개술을 시행하는 것이 추천되며, 일단 시간을 지체하게 되면 비가역적 변화(근육 괴사 등)가 지속·가속되어 손상이 진행된다.

판례 11. 구획증후군 진단 및 치료가 지연되어 만성골수염으로 인한 동맥손상으로 다리절단의 영구장해를 입은 사건_서울중앙지방법원 2010. 3. 30. 선고 2008가합122171 판결

1. 사건의 개요

45세 남자가 우측 후방십자인대 재건술 시행 후 구획증후군 진단후 수술하였지만 호전이 없어 타 병원으로 전원하여 만성골수염으로 인한 동맥손상으로 다리 절단술을 받게 된 사건이다[서울중앙지방법원 2010. 3. 30. 선고 2008가합122171 판결]. 이 사건의 자세한 경과는 다음과 같다.

날짜	시간	사건 개요
1986.경		• 타 병원에서 우측 후방십자인대 파열 진단을 받아 인대 봉합술을 받았다가 실패하여 후방십자인대 재건술을 받음(환자 사고 당시 45세, 남자)
그 후		• 후방 불안정성이 재발함
2004.경		• 후방십자인대 재건술 또 받음.
2006. 12. 4.		• 피고병원 정형외과에 내원 • 후방 불안정성 재발 진단 = 인대 재건술을 받기로 하고 입원함
2006. 12. 5.		• 우측 후방십자인대 재건술 시행 = 이전병력으로 인한 2개의 경골터널의 확장 있어 피고의 집도 하에 척추마취 시행하여 아킬레스 동종건을 이용한 후방 도달법에 의한 이중다발 수술방법 적용 • 수술 중 우측 슬와 정맥이 파열, 손상됨 = 30분간 지혈시킨 후 층별로 봉합. 압박드레싱을 한 후 깁스를 하여 수술을 마침
	수술 직후	• 발가락에 감각 없으며 움직일 수 없음 • 수술부위의 부종이 심한 상태로 국소 열감을 느낌 • 진통제 투여에도 심한 통증을 호소함
2006. 12. 13.		• 우측 하지정맥 촬영 = 슬와 정맥 혈전증 및 우하지 구획증후군 진단

날짜	시간	사건 개요
2006. 12. 13.		• 외측 구획 감압술, 비골 신경 유리술 및 슬와 정맥 혈전 제거술 시행
2006. 12. 21. ~ 2007. 12. 13.		• 1년 동안 약 12회의 감염치료, 피부이식수술, 우측 족관절 고정술 등을 시행
	이후	• 호전 없음
2008. 1. 19.		• 타 병원으로 전원 후 입원 • 수술부위가 MRSA에 감염되어 만성골수염이 발생하여 동맥 손상으로 다리를 절단해야 한다는 진단받음
2008. 2. 1.		• 피고에 의해 삽입된 나사못과 괴사조직 제거
2008. 2. 11.		• 3차례에 걸쳐 우측 슬관절 이하 다리 절단술 시행
2008. 3. 7.		• 퇴원
현재		• 우측 슬관절 이하 다리가 절단되어 영구 장해를 입은 상태로 의족을 착용해야 함 • 우측 무릎(의족 연결부위)이 계단을 오르내릴 때 흔들리는 자각 증상이 있음 • 보조기가 닿는 부위의 지속적인 통증 있으며 우측 슬관절 외측에 경미한 퇴행성 변화 있음

2. 법원의 판단

가. 구획증후군을 늦게 진단, 치료한 과실 여부: 법원 인정

(1) 법원 판단

수술 중 원고의 우측 슬와정맥이 파열·손상되었음에도 피고는 단순히 압박술만을 시행한 뒤 수술을 마쳤다. 그리고 원고에게 수술 직후부터 계속 심각한 통증, 부종, 감각소실, 운동장애 등 구획증후군의 증상이 나타났으므로 피고는 구획증후군을 의심하고 조속히 조직압 측정을 하거나 정밀검사를 실시하여 구획증후군 발생 여부를 확인하여 그에 대한 적절한 응급조치를 취할 주의의무가 있음에도 이를 게을리하여 원고의 구획증후군 발생을 수술 후 1주일이 경과한 2006. 12. 13.에 이르러 뒤

늦게 진단, 확인하고 수술하였다. 이로 인하여 구획증후군을 개선하기 위한 근막절개술이나 혈관 손상 치료 등의 응급조치를 적절한 시기에 행하지 못하여 원고의 구획증후군의 진행을 심화시켰고, 근육 괴사 및 신경 손상에 대한 수차례의 후속 치료 도중 MRSA에 감염되게 하였으며 결국 만성 골수염으로 인하여 우측 슬관절 하지 절단술까지 받게 되었음을 인정한다.

3. 손해배상범위 및 책임제한

가. 의료진 측의 손해배상책임 범위: 60% 제한

나. 제한 이유

(1) 원고가 이 사건 수술 전 1986년 경 이미 우측 후방십자인대 파열로 타 병원에서 인대봉합술을 받았다가 실패하고 후방십자인대 재건술을 받는데 후방 불안정성이 재발하여 이 사건 수술을 받기 2년 전 후방십자인대 재재건술을 받았으나 예후가 좋지 않아 증상이 계속되자 2006. 12. 5. 피고 병원에서 다시 인대 재건술을 받게 된 점

(2) 원고에게는 수회의 수술 전력이 있고 그로 인한 2개의 경골 터널확장이 있어 일반적인 수술방법을 택하기 어려웠기 때문에 피고로서는 비교적 수술 난이도와 위험이 높은 이 사건 수술방법을 택하게 된 점

다. 손해배상책임의 범위

(1) 청구금액: 843,089,710원

(2) 인용금액: 148,862,721원

- 총 117,862,721원: (187,776,269원 + 8,661,600원)×60%
  = 일실 소득: 187,776,269원
  = 보조구비: 8,661,600원
- 위자료: 31,000,000원

4. 사건 원인 분석

우측 후방십자인대 파열로 인대 봉합술을 받았다가 실패하여 후방 십자인대 재건술을 받은 환자가 후방 불안정성 재발로 내원하여 아킬레스 동종건을 이용한 후방 도달법에 의한 이중다발 수술방법으로 우측 후방십자인대 재건술을 시행하였다. 수술 중에 우측 슬와 정맥이 파열, 손상되었고 이에 의료진은 30분간 지혈시킨 후 층별로 봉합하고 압박드레싱을 한 후 깁스를 하였다. 그러나 수술 직후 심한 통증, 감각 소실, 운동 장애 등의 증상이 나타났고 약 1주일 후 시행한 하지정맥 촬영 결과 구획증후군으로 진단받아 외측 구획 감압술, 비골 신경 유리술 및 슬와 정맥 혈전 제거술을 받았으나 호전이 없었다. 타병원으로 전원되어, 수술 부위의 MRSA 감염으로 발생한 만성골수염으로 인한 동맥손상으로 다리 절단술을 받았다. 현재 우측 슬관절 이하 다리가 절단되어 영구장해를 입어 의족을 착용해야 하며 계단을 오르내릴 때 흔들거리는 자각증상이 있으며 보조기가 닿는 부위의 지속적인 통증과 우측 슬관절 외측에 경미한 퇴행성 변화가 있다. 이 사건과 관련된 문제점 및 원인을 분석해본 결과는 다음과 같다.

첫째, 환자가 수술 직후 발가락의 감각 소실과 운동장애, 부종, 심한 통증을 보였음에도 의료진은 이에 대한 조치를 취하지 않고 1주일이 지난 2006. 12. 13.에서야 우측 하지 정맥 촬영을 하여 구획증후군 진단을 내렸다. 비정상적인 통증과 부종, 운동 및 감각신경 기능저하가 있을 시 항상 구획증후군을 의심해야 하고 구획증후군의 5P sign인 pain, pallor, pulselessness, paralysis, paresthesia의 징후가 있으면 즉시 필요한 조치를 취해야 한다.

둘째, 수술 중 환자의 우측 슬와 정맥이 파열, 손상되어 이를 지혈하고 수술을 마쳤음에도 이를 다시 확인하지 않았다. 이에 대하여 십자인대 수술은 통상 관절경하에 실시하게 되는데, 원고의 경우는 후방도달법이 실시된 것으로 기록되어 있어 그 이유를 알 수가 없다. 만일 슬와동맥이나 정맥의 손상이 발생하는 경우는 혈관 봉합을 철저히 시행하여야 하는데, 그러한 조치가 되었는지도 알 수가 없다. 또한 파열이 의심되면 혈관 조영술을 즉시 시행하여 파열된 곳을 확인해야한다.

마지막으로, 환자에게 여러 차례의 수술 전력으로 2개의 경골 터널 확장이 있어 일반적인 수술 방법을 택하기 어려워 비교적 높은 난이도의 수술을 시행하여 그 위

험도가 높았다. 후방십자인대는 일반 수술에 비하여 난이도가 높은 수술인 만큼 합병
증에 대한 사전 설명이 충분히 이루어져야 하며, 수술 중 확인을 위하여 c—arm이나
portal x—ray 촬영 등 보다 세밀한 준비가 필요하다(〈표 11〉 참조).

〈표 11〉 원인분석

분석의 수준	질문	조사결과
왜 일어났는가? (사건이 일어났을 때의 과정 또는 활동)	전체 과정에서 그 단계는 무엇인가?	− 진단 단계(구획증후군에 대한 진단 지연) − 수술 중 단계(수술 중 합병증 발생에 대한 예방 미흡, 　수술 중 우측 슬와정맥 파열) − 수술 후 단계(수술 후 재확인 하지 않음) − 수술 전 설명 단계(수술의 합병증에 대한 설명 미흡)
가장 근접한 요인은 무엇이었는가? (인적 요인, 시스템 요인)	어떤 인적 요인이 결과에 관련 있는가?	• 환자 측 − 여러 차례의 수술 전력 • 의료인 측 − 진단 지연 − 수술 중 과실 − 수술 후 환자관리 미흡 − 수술 전 설명 미흡
	시스템은 어떻게 결과에 영향을 끼쳤는가?	

5. 재발 방지 대책

원인별 재발방지 사항 제안은 〈그림 11〉과 같으며, 각 주체별 재발방지 대책은 아래와 같다.

〈그림 11〉 판례 11 원인별 재발방지 사항

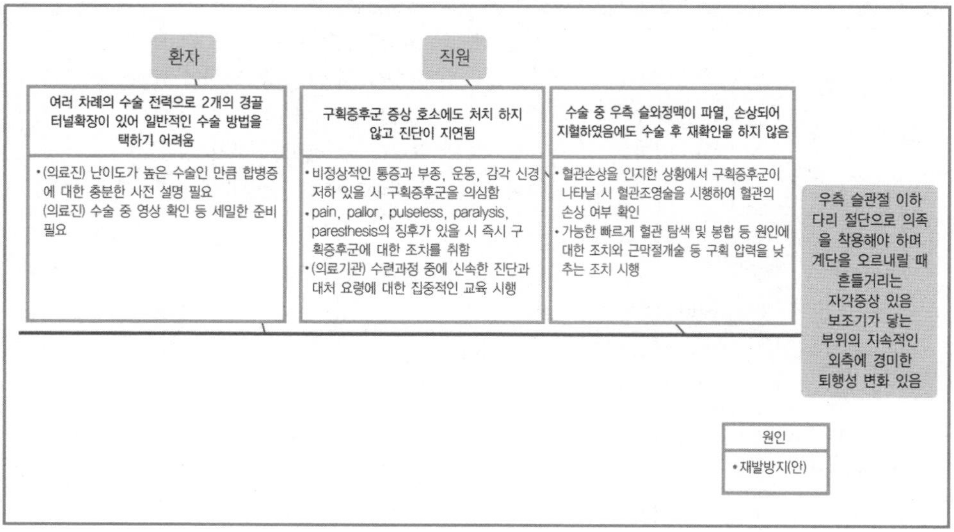

(1) 의료인의 행위에 대한 검토사항

고위험군 환자에게 수술 전 발생 가능한 합병증에 대해 충분히 설명하고, 수술 중에도 영상 확인 등 합병증 예방을 강화하여야 한다. 환자에게 구획증후군 등 이상 증상이 발생하였을 경우 즉시 의심하고 알맞은 조치를 취해야 한다. 구획증후군 5P sign으로, pain, pallor, pulselessness, paralysis, paresthesia의 징후가 있으면 즉시 필요한 조치를 취해야 한다. 수술 중 혈관이 손상되면 혈관 조영술을 시행하여 혈관의 손상 여부를 확인하고 가능한 빠르게 봉합 등 원인에 대한 조치를 취해야 한다.

(2) 의료기관의 운영체제에 관한 검토사항

수련과정 중에 의료인에게 신속한 진단과 조치의 필요성과 요령에 대하여 집중적인 교육을 시행하여야 한다.

┃참고자료┃ 사건과 관련된 의학적 소견6)

○ 후방십자인대 재건술

후방십자인대는 슬관절 회전의 중심축에 위치하므로 후방십자인대 손상은 대개 굴곡위에서
경골 근위부에 후방 스트레스를 받음으로써 발생한다. 후방십자인대 재활치료에 실패하고 지속
적인 불안정성과 내측 관절면의 동통 등 퇴행성 변화를 경험하는 환자들은 수술적 치료의 고려
대상이 되는데 후방십자인대 파열시 대부분의 재건술이 외측속의 재건을 중심으로 한다. 이식
물로는 자가 또는 동종 슬개건이나 동종 아킬레스건 등이 사용된다.

○ 구획증후군

구획증후군이란 근막에 둘러싸인 폐쇄된 구획내의 조직압이 높아져서 모세혈관에서 관류가
저하되어 마침내 구획 내의 근육과 신경 등 연부 조직이 괴사되는 질환이다. 그 원인으로는 골
절 등의 외상, 연부조직의 외상, 동맥 손상, 의식불명의 상태에서의 장시간 눌림 상태, 상당기
간 허혈 후의 재관류 등이 있다. 임상증상은 동통, 창백, 이상감각, 마비, 무맥 등이 나타날 수
있고, 검사는 임상적으로 추정 확정할 수 있으나 근전도 검사와 조직검사 등을 통하여 진단할
수 있다. 그 치료는 응급을 요하여 상승된 구획 내의 압력을 낮추어서 혈류의 순환을 원활히
하기 위해 우선 압박하고 있는 석고붕대, 솜붕대, 스타키네트를 절개해야 하고 이러한 조치 후
에도 상태가 호전되지 않으면 30분 내지 1시간 이내로 근막절개술 또는 혈관 복구술을 시행하
여 구획의 조직압을 낮추어 허혈성 손상이 발생하는 것을 막아야 한다. 급성의 경우 발견 1시
간 이내로 적절한 치료가 이루어져야만 하고 만약 치료시기를 놓치게 되면 구획 내 근육이나
신경의 비가역적 변화가 생겨 근육들이 괴사하고 심한 경우, 신경 조직의 괴사까지 일어나 괴
사조직들이 반흔조직으로 서서히 치환되어 근육의 수축 이완기능이 없어지며 차츰 섬유화되어
관절구축과 강직이 초래되고 사지 기능이 상실된다.

○ 메티실린 내성 황색 포도상 구균(MRSA)

감염균 중 메티실린 항생물질에 내성이 생긴 포도상 구균을 말한다. 이는 주로 직, 간접적인
접촉에 의하여 감염이 되는 것으로 알려져 있다. 수술 후 창상감영의 주요 균주인 MRSA는 장
기간의 입원, 광범위한 항생제의 사용, 중환자실 입원 등의 경우 그 감염 위험성이 높다.

---

6) 해당 내용은 판결문에 수록된 내용임.

치료처치 관련 판례

제4장 치료처치 관련 판례

판례 12. 악성골육종으로 사지구제술 시행을 받은 후 환자관찰 및 처
치상 주의의무 소홀로 사망한 사건_서울고등법원 2006. 2.
14. 선고 2005나77482 판결

1. 사건의 개요

악성골육종으로 진단 받은 후 사지구제술을 받았으나 수술부위에 생긴 감염으
로 결국 사망에 이르게 된 사건이다[서울중앙지방법원 2005. 8. 17. 선고 2003가합32587
판결, 서울고등법원 2006. 2. 14. 선고 2005나77482 판결]. 자세한 사건의 경과는 다음과
같다.

날짜	시간	사건 개요
2001. 11. 14.		• 골육종 의심이라는 타병원의 진단 소견을 가지고 피고 병원 정형 외과에 입원(환자 1984년생, 사고 당시 17세 3개월, 여자) • 주호소는 내원 1개월 전부터의 원위 대퇴부의 통증을 동반한 부종 • 조직검사결과 = 우측 무릎의 고등급의 악성골육종으로 진단
2002. 3.말까지		• 수차례에 걸쳐 항암 화학요법에 의한 치료 받음 = 효과 없었고 종양 크기의 변화도 없음
		• 피고 병원 의료진은 환자에게 수술을 통한 종양의 제거 권유

날짜	시간	사건 개요
2002. 3.말까지		= 사지구제술을 받기로 함
2002. 4. 9.		• 피고 병원에 입원

2002. 4. 12.		• 사지구제술 시행
		= 우측 슬관절을 포함한 대퇴골 원위부 1/2 전체와 대퇴부 원위
		  근육 거의 전부, 대퇴 동, 정맥 하지로 가는 신경 일부 등을 광
		  범위하게 절제하여 종양을 제거하고, 그 부위에 인공관절 및 인
		  공혈관(대퇴 동, 정맥 부분)을 삽입하여 재건함

	수술 후	• 우측 하지에 석고붕대로 고정을 한 상태
	16 : 50경	• 중환자실로 올라옴 • 올라온 직후부터 통증을 호소하였으나 피고 병원 의료진은 수술로 인한 동통으로 판단. 출혈의 위험성을 염두에 두고 경과관찰을 함
		• 계속 통증 호소
	20 : 30	• 우측 다리의 운동 및 감각이 약한 상태
	21 : 00경	• 우측 다리가 차갑고, 발가락 운동이 없으며 감각이 약한 상태

		• 통증이 있고, 운동 및 감각이 없는 상태가 지속되어 피고 병원 의
		  료진은 진통제를 계속 투여하였으나 환자는 심한 통증으로 인하여
		  맥박이 상승됨

2002. 4. 13.		• 여전히 심한 통증 호소, 우측 하지의 운동 및 감각 소실 증상을 보임
2002. 4. 14.	오후	• 증상이 호전되지 않음
	18 : 00	• 차가움과 청색증을 보이고, 우측 발의 순환이 되지 않는 것으로 보임
	22 : 40	• 우측 하지 발 부위 색깔이 청색으로 변함
2002. 4. 15.	00 : 20	• 우하지 피부 색깔이 청색을 띤 상태가 됨
		• 계속하여 심한 통증과 청색증, 차가움, 우측 하지의 운동 및 감각 소실이 지속됨
	09 : 00경	• 회진 시 환자의 우측 하지의 운동 및 감각, 순환을 다시 확인 = 혈관조영술 및 혈관도플러초음파검사 시행하기로 함

	13 : 30경	• 혈관도플러초음파검사 시행
		  = 혈전 형성에 의해 혈관 소통이 부분적으로 막혀 있고(partial
		    occlusion) 혈류가 느려진 소견을 보임

날짜	시간	사건 개요
2002. 4. 15.	16 : 00경	• 혈관조영술 시행 = 시행 중 유로키나제와 헤파린 등의 약물과 풍선을 이용한 혈전 제거술 시행
	21 : 55	• 여전히 우측 다리가 차갑고 청색증이 있었으며, 족배(dorsal pedis) 동맥의 맥박이 촉지 되는 상태임. 심한 통증 호소
2002. 4. 16.	00 : 00	• 통증 호소 및 우측 하지의 차가움이 지속됨
	01 : 30	• 우측 하지의 차가움과 청색증이 지속되고 족배 동맥의 맥박이 촉지되는 상태
	06 : 00	• 청색증과 차가움이 지속되고 우측 족배 동맥의 맥박이 촉지되며 운동 및 감각이 소실된 상태
	07 : 50경	• 족배 동맥의 맥박이 미약한 상태
	09 : 00	• 회진 = 2차 대퇴동맥조영술을 실시하기로 결정
	11 : 00 ~ 13 : 00	• 대퇴동맥조영술 실시
	16 : 00경	• 하퇴의 4구획과 발바닥 근막, 발등 근막을 절개하는 내용의 근막절 개술 실시
	근막 절개술 이후	• 수일 동안 수술 부위의 심한 통증을 계속 호소하고 상처 부위에서 누액이 심한 소견(oozing)을 보임 • 하지의 차가움, 청색증 등의 순환 부전 소견은 더 이상 관찰되지 않음
2002. 5. 7.		• 전신 상태가 좋아져 중환자실에서 일반 병실로 전실
		• 2002. 4. 12. 시행한 수술 부위 및 근막절개 부위에 창상감염, 피 부괴사 등이 발생 = 이후 7개월간 피고 병원에서 치료를 받았으나 호전되지 않고 더 심해짐
2002. 6. 15.		• 상처 부위에서 메티실린 내성 황색포도상구균이 배양되기까지 하는 등의 감염에 대한 약물 투여, 인공관절 제거, 우 족관절 및 슬 관절 절개 배농술, 부분 피부 이식술 등 여러 차례의 수술 시행
2002. 11. 30.		• 퇴원 • 족부 전방 부위의 피부 괴사에 대하여 괴사된 조직의 변연절제술 을 시행한 상태이고, 우측 발뒤꿈치는 욕창으로 진행된 상처가 있

날짜	시간	사건 개요
2002. 11. 30.		고 뼈가 노출되어 있음
		• 감염 치료 과정에서 항암 화학요법에 의한 치료가 시행될 수 없었음
2002. 12. 16.		• 흉부 전산화단층촬영(CT) 시행 = 좌측 폐하부로 전이된 암 발견
2002. 12. 26.		• 피고 병원에서 폐 전이 병소를 절제하는 수술 시행
		• 원자력병원으로 전원, 계속 치료 받음
2004. 4. 9.		• 사망

2. 법원의 판단

가. 사지구제술 중 또는 수술 직후 환자에 대한 관찰 및 처치상의 주의의무를 소홀히 한 과실 및 구획증후군의 진단을 지연한 과실 여부: 법원 인정(제1심)

(1) 환자 측 주장

피고 병원 의료진은 사지구제술 중 또는 수술 직후 환자에 대한 관찰 및 처치상의 주의의무를 소홀히 하여 수술 부위에 구획증후군을 유발시켰고 사지구제술 시행 직후 구획증후군의 증상이 명확하게 나타났음에도 그 진단을 지연한 과실이 있다.

(2) 의료인 측 주장

2002. 4. 15. 혈전 제거술 실시 후 족배 동맥이 촉지되었다는 진료기록 기재를 들어 혈전 제거술의 치료 과정에서 하퇴부에 혈류가 갑자기 증가하여 하퇴부 부종이 급격히 증가하면서 구획증후군이 발생한 것이다.

(3) 법원 판단

피고 병원 의료진이 수술 중 또는 그 직후 환자에 대한 관찰이나 처치에 있어서 구획증후군을 유발할만한 행위나 수술 후 환자에 대한 관찰을 소홀히 하였다거나, 환자에게 수술 직후 구획증후군을 바로 진단할만한 임상 증상이 나타났다는 점을 인정할 증거가 없으므로 원고의 주장은 받아들일 수 없다.

그러나 사지구제술 시행 직후부터 심한 통증을 호소하던 환자에게 수술 당일 밤부터 우측 하지가 차가워지고, 하지의 운동과 감각이 소실되어가는 양상을 보이기 시작하여 호전되지 않고 2002. 4. 14. 18 : 00부터는 청색증까지 나타났다면 피고 병원 의료진은 환자의 순환 부전의 원인과 관련 동맥 혈관 폐쇄, 신경손상 또는 구획증후군을 의심하고 감별하기 위한 노력을 하여 그에 대한 적절한 처치를 시급히 했어야 함에도 이를 지연하여 2002. 4. 15. 오후가 되서야 순환 부전의 원인 파악을 위한 혈관도플러초음파검사 및 혈관조영술을 시행한 과실이 있다. 또한 2002. 4. 15. 혈전 제거술 실시 이후에는 순환 부전의 원인이 혈관 폐쇄가 아니었다고 판단하여 구획증후군을 의심하고 이를 감별하고 응급조치를 했어야 함에도 이를 소홀히 하여 혈관조영술 및 혈전 제거술 실시 이후 만 하루가 지난 시점에서야 뒤늦게 근막절개술을 실시하여 환자가 적절한 시점에 구획증후군을 포함한 순환 부전의 원인에 대한 진단 및 처치를 받지 못하여 그 후 구획증후군으로 인한 조직의 괴사가 진행되었고 이러한 점이 염증 상태의 발생 및 악화의 원인이 되어, 결국 수술 후 항암요법을 받지 못하게 되어 암의 폐 전이가 일어나 사망에 이르렀다고 보아 원고 측의 주장을 인정한다.

혈전 제거술 실시 후 기재된 진료기록상 족배 동맥이 촉지된다는 단순 기재만으로 혈전 제거술이 대량의 혈류 증가를 초래하여 구획증후군을 유발한 것이라고 할 수 없고, 오히려 비록 하지의 차가움과 피부 청색증은 구획증후군보다는 혈관 폐쇄의 가능성을 더 시사한다는 사실을 고려하여 혈전 제거술을 시행하기 이전에는 임상적으로 혈관 폐쇄의 가능성을 의심할 수는 있어도 혈관도플러초음파검사와 혈관조영술상 혈관 폐색이 부분적이었고 혈전제거술에도 두드러진 호전을 보이지 않은 점과 근막절개술 후 증상의 호전을 보인 점은 환자의 순환 부전의 원인이 구획증후군이었음을 가리킨다고 보아 혈전 제거술 이후 구획증후군이 발생하였다는 피고의 주장은 받아들일 수 없다.

3. 손해배상범위 및 책임제한

가. 의료인 측의 손해배상책임 범위: 30% 제한(제1심) → 기각(항소심)

나. 제한 이유

(1) 골육종은 폐로 전이되는 경우가 많고 수술 전 화학요법으로 인한 종양의 괴사 정도가 클수록 예후가 좋고, 화학요법에 반응하지 않는 골육종은 매우 불량한 점

(2) 환자의 경우 사지구제술 전 시행한 항암화학요법의 효과가 없어 종양의 크기가 줄어들지 않은 점

(3) 환자가 받은 수술 자체가 대규모의 수술로 위험성이 높은 점

(4) 사지구제술 후 발행한 순환 부전의 원인과 관련하여 혈관 폐쇄, 신경 손상에 의한 통증, 구획증후군은 서로 증상이 겹쳐 각각의 특징이 있음에도 정확한 감별이 어려운 점 등

다. 손해배상책임의 범위

(1) 제1심

① 청구금액: 262,524,640원

② 인용금액: 79,109,161원

　　- 일실수입: 55,529,760원(185,099,200원×30%)

　　- 기왕치료비: 679,401원(2,264,670원×30%)

　　- 장례비: 900,000원(3,000,000원×30%)

　　- 위자료: 22,000,000원

(2) 항소심

① 청구금액: 262,524,640원

4. 사건 원인 분석

이 사건에서 환자는 원위 대퇴부의 통증을 동반한 부종을 주호소로 골육종 의심

의 진단소견을 가지고 피고 병원에 내원하여 조직검사 결과 우측 무릎의 고등급의 악성골육종으로 진단받았다. 항암 화학요법에도 효과가 없어 사지구제술을 시행받았으나 그 후 통증과 차가움, 청색증을 보여 혈관도플러초음파검사상 혈전형성에 의해 혈관 소통이 부분적으로 막힌 소견을 보여 혈관조영술을 시행하였지만 회복되지 않았다. 그리하여 2차로 대퇴동맥조영술을 실시하였고 근막절개술을 실시하였으나 사지구제술을 받은 부위에 감염이 생겨 그에 대한 수술 및 치료를 받았지만 결국 사망한 사건이다. 이 사건과 관련된 문제점 및 원인을 분석해본 결과는 다음과 같습니다.

수술 후 환자에 대한 관찰 및 적절한 처치를 하지 않은 것이다. 환자가 2002. 4. 12. 수술 직후 호소한 통증은 수술 후 통증으로 여길 수 있다. 그러나 4. 13.부터 4. 14.까지 지속적으로 통증을 호소하였고, 4. 13.부터는 운동 및 감각 소실 증상을 보였으며 4. 14.에는 청색증과 순환이 되지 않고 발 부위 색깔이 청색으로 변했음에도 적절한 조치도 취하지 않았다. 그 당시의 날짜와 요일을 확인해 보니 2002. 4. 13.은 토요일이고 4. 14.은 일요일이었다. 자문위원은 구획증후군은 조기 발견이 가장 중요한 요소이며 이를 위해서는 수술 후 환자의 상태에 대한 세심하고 반복적인 관찰을 통해 운동력, 지각력 및 통증을 확인하고 혈류맥박을 촉지하여 혈액순환 상태를 계속 점검하는 것이 필요하다고 하였다(〈표 12〉 참조).

〈표 12〉 원인분석

분석의 수준	질문	조사결과
왜 일어났는가? (사건이 일어났을 때의 과정 또는 활동)	전체 과정에서 그 단계는 무엇인가?	-수술 후 환자 관리 단계
가장 근접한 요소는 무엇이었는가? (인적 요인, 시스템 요인)	어떤 인적 요인이 결과에 관련 있는가?	• 의료인 측 -수술 후 환자 관리 소홀, 처치 지연(수술 후 환자 관찰 및 청색증에 대한 적절한 처치 미시행)
	시스템은 어떻게 결과에 영향을 끼쳤는가?	

5. 재발 방지 대책

원인별 재발방지 대책은 〈그림 12〉와 같으며, 본 사건의 경우 의료인의 행위에 대한 재발방지 대책만 언급할 수 있고 내용은 아래와 같다.

〈그림 12〉 판례 12 원인별 재발방지 사항

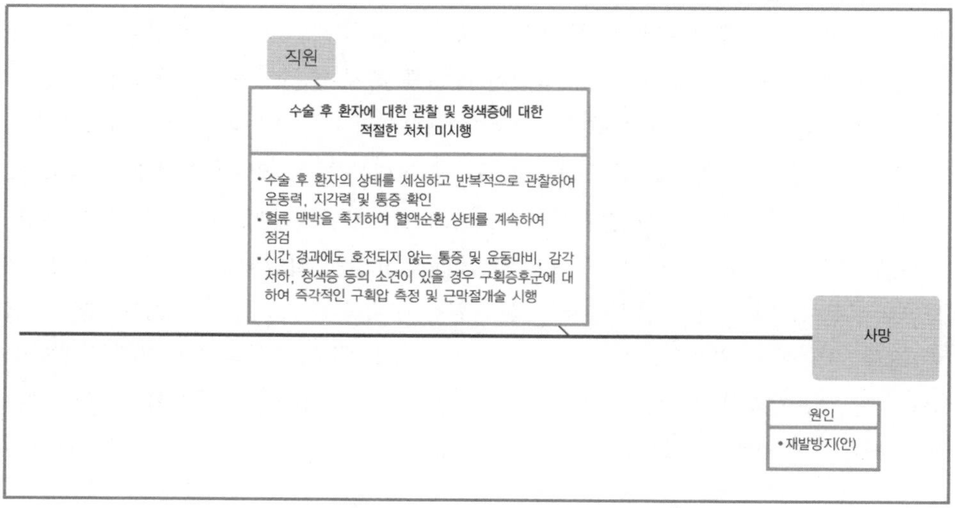

(1) 의료인의 행위에 대한 검토사항

수술 후 환자의 상태를 세심하고 반복적으로 관찰하여 운동력, 지각력, 통증을 확인하여야 한다. 혈액 순환 상태도 계속하여 점검하여 구획증후군의 발생을 조기에 진단할 수 있도록 한다. 만일 시간 경과에도 환자의 통증, 마비 증상 등이 호전되지 않을 경우, 신속하게 구획압을 측정하여 구획증후군의 유무를 판단하고 이에 대한 조치로 근막절개술을 시행하도록 한다.

┃ 참고자료 ┃ 사건과 관련된 의학적 소견1)

1. **사지구제술:** 육종을 광범위하게 절개하고, 절개 후 남은 골 및 연부 조직 결손에 대한 재건술까지 포함하는 대규모 시술이다.

2. **혈전:** 혈관의 내벽에 피가 응고되어 뭉치는 현상으로, 혈관도플러초음파검사 또는 혈관조영술로 진단이 가능하다.

3. **황색포도상구균:** MRSA, 기존에 개발된 다수의 항생제에 저항성을 가지는 대표적인 감염균. 주로, 다수의 약제에 내성을 지니므로 치료가 까다롭고 장기간의 항생제 투여가 필요한 균주이다.

4. **골육종에 대한 치료**

(가) 암에 대한 치료방법으로는 수술에 의한 치료, 항암 화학요법에 의한 치료, 방사선을 이용한 치료가 있는데, 골육종의 경우 수술 전후에 항암 화학요법을 실시하는 것이 통상적이다.

(나) 골육종의 수술적 치료 방법은 안전한 경계를 설정하여 정상 조직까지 포함한 광범위 절제술이 기본이고, 이는 절단술과 사지구제술로 나누어 볼 수 있는데, 수술적 방법으로 절단술과 사지구제술이 생존율 등 그 결과에서 큰 차이가 없는 것으로 널리 알려지면서 절단술보다 사지구제술이 더 보편적으로 이용되고 있어 세계적으로 종양절제술로 사지구제술이 약 80% 정도 이용되고 있으며 이는 혈관 재건술까지 포함된 아주 어려운 시술이다.

(다) 과거 20년 동안 골육종 환자의 생존율과 삶의 질이 크게 향상되어, 일부 문헌에서는 그 전에는 폐전이로 인하여 5년 생존율은 50% 이하였으나 최근 자기공명영상 등 진단기술의 발달로 정확한 절제 범위를 계획할 수 있는 점과 무엇보다도 항암 화학요법의 발전으로 인하여 대부분의 저자들은 5년 생존율을 약 65~80%로 보고하고 있고, 또 다른 문헌에서는 과거 1960~70년대에는 절단술을 시행하더라도 생존율이 20% 정도에 불과하였으나 1980년대 이후 항암요법을 이용하면서부터 생존율이 급격하게 증가하였다고 보고하고 있다.

(라) 골육종에서의 항암 화학요법의 실시는 기본적으로 수술 후 화학요법이었으나, 수술 전에 화학요법을 함으로써 얻을 수 있는 이론적인 장점이 대두되면서 현재 세계적으로 골육종에 수술 전 항암요법을 보편적으로 사용하고 있다. 모든 골육종이 항암제에 잘 반응하는 것은 아

---

1) 해당 내용은 판결문에 수록된 내용입니다.

니고 일부(약 30% 내외)의 환자들은 항암제에 반응을 보이지 않는데, 골육종 자체가 흔한 질환이 아니고 대규모의 엄정한 연구를 진행하기 어려운 까닭에 수술 전 화학요법을 추가하여 생존율을 더 높인다는 정확한 결과는 발표되지 못하고 있으며 현재 연구 중에 있으나, 통상 수술전 화학요법으로 인한 종양의 괴사정도가 클수록 예후가 좋고, 화학요법에 반응하지 않는 골육종의 경과는 매우 불량하다고 보고되고 있다.

수술 전 항암 화학요법에 종양이 반응이 없으면 수술을 빨리 실시하고 수술 후 조직검사를 통해 종양의 반응을 검토한 후 항암제의 종류를 다르게 하여 투여하는 것이 일반적이고, 일부 보고에서는 수술 전 항암 화학요법 후 반응도가 낮은 경우 다른 항암 화학요법제로 변경 투여하여 유의하게 생존율을 높였다고 보고하기도 하였다. 그 밖에 예후에 영향을 미치는 요인으로는 병기, 종양의 크기, 해부학적 위치, 병적 골절, 혈청유산탈수소효소의 증가 등이 있다.

수술 후 항암 화학요법은 보통 수술 후 3주 내외에 시작한다. 골육종은 전신 검사상 전이가 발견되지 않은 국소병변이라도 전신질환으로 이행하는 경향이 있고, 폐로 전이되는 경우가 가장 많은데 화학요법은 폐 전이를 막을 수 있는 가장 유용한 방법이어서 수술 후 화학요법이 필수적이다. 그러나 수술 창상이 감염에서 회복되지 않고 있는 경우, 항암제는 강력한 면역 억제 능력과 상처 치유 방해 요소를 가지고 있어 감염의 급격한 악화 및 패혈증을 초래할 우려 때문에 생명이 위험할 수 있어 항암제를 투여하기는 어렵다.

5. 구획증후군

(가) 구획증후군이란, 근막에 둘러싸인 폐쇄된 구획 내의 조직압이 올라가서 미세 순환이 저해되어 모세혈관에서의 관류가 저하되면서 구획 내 근육 및 기타 연부조직의 괴사가 발생하는 경우를 통칭하는 용어이다.

(나) 구획증후군이 발생하면 그 임상적 징후로 동통(pain), 창백(pallor), 이상감각(paresthesia), 마비(paralysis), 무맥(pulselessness)이 나타나는데, 그 중 동통이 가장 빨리 나타나고 가장 중요하다. 구획증후군의 제일 특징적인 증상은 사지 조직이 부어오르고, 조직내압이 증가하면서 사지가 단단해지지만 오히려 사지 말단부의 혈색은 유지되고 맥박은 촉지되는데, 이는 혈액 순환의 장애는 심부 근육 조직에서만 초래되고 얕은 피부 조직에의 혈류 순환은 비교적 잘 되기 때문이다. 그러나 불행히도 이러한 증상들은 불명확하여 진단이 늦어지는 경우가 종종 발생하기도 한다.

(다) 구획증후군 발생의 조기 발견을 위해서는 수술 후 운동력, 지각력 및 통증을 확인하고 혈류맥박을 촉지하는 등 지속적인 관찰이 필요하다. 사지구제술과 같은 대규모 수술의 경우에 마약성 진통제로 조절이 안 되는 심한 통증과 신경증상 및 청색증을 보이면, 구획증후군을 의

심하되, 의료진의 경험과 상황판단에 따라 주의 깊게 관찰을 하여야 하여 조직압 측정 등 보조적인 진단방법을 이용하여 진단에 만전을 기하여야 한다. 다만, 혈관 폐쇄, 신경손상에 의한 통증, 구획증후군은 서로 증상이 겹치므로 각각의 특징이 있음에도 정확한 감별이 어려운 경우가 많다. 혈관이 막히면 부종이 생기고 맥박이 만져지지 않으며, 청색증이 나타나고 통증이 유발되는데, 하지의 차가움과 피부 청색증은 구획증후군보다는 혈관 폐쇄의 가능성이 더 높은 항목이다. 신경의 통증은 사지 말단 부위의 운동력 및 감각의 저하로 이어진다. 혈관 폐쇄가 의심되면 응급으로 혈관의 상태를 평가하여 적절한 시술을 시행하여야 하며, 구획증후군이라는 판단이 내려지면 응급으로 상승된 구획 내 압력을 내려주어야 하므로 우선 조이는 드레싱이나 석고붕대를 제거하고, 그래도 즉시 호전되지 않으면 조직압이 30mmHg 이상으로 증가된 경우 근막절개술을 시행하여야 한다.

(라) 근육은 2~4시간 후부터 기능적인 변화가 나타나고 6~12시간 후부터 비가역적인 변화가 나타나기 시작한다고 알려져 있다. 일단 괴사에 빠진 다음에는 상태가 호전되더라도 근육의 자연적인 재생은 거의 불가능하고, 신경은 완전한 허혈 상태에서 30분 이내에 기능적 변화가 발생하며, 비가역적인 변화는 12~24시간 이후에 발생한다.

판례 13. 경추성 척수증 수술 시행 후 처치 미비로 심폐기능저하에 따른 저산소성 뇌병증으로 사망한 사건_서울고등법원 2007. 11. 13. 선고 2007나14041 판결

1. 사건의 개요

경부통증, 양측 상지 및 하지 방사통 등의 증상으로 경추성 척수증 관련 수술을 받았다. 수술 후 혈종에 의한 척수압박으로 진단되어 응급수술을 하였으나 결국 심폐 기능 저하에 따른 저산소성 뇌손상에 빠져 사망한 사건이다[서울중앙지방법원 2006. 12. 12. 선고 2005가합101708 판결, 서울고등법원 2007. 11. 13. 선고 2007나14041 판결]. 자세한 사건의 경과는 다음과 같다.

날짜	시간	사건 개요
2004. 8. 30.		• 4개월 전부터 발생한 경부통증, 양측 상지 및 하지 방사통, 양손의 저린 느낌, 젓가락 사용 장애, 심한 보행 장애를 호소하면서 피고병원에 내원(환자 1953. 9. 11.생 사고 당시 51세, 남자, 과거병력 상 2살 때 소아마비 앓음) • 이학적 검사 상 우측 심부건 반사 항진됨. 바빈스키 징후 및 발목 간대경련(ankle clonus) 있음 　= 경추성 척수증(경추 척추관 협착증, cervical spondylotic myelopathy) 진단. 수술 위해 입원
2004. 9. 1.		• 제3-7경추에 걸쳐 개방성 후궁 성형술(open door laminoplasty) 시행
2004. 9. 3.	05 : 00경	• 다리에 힘이 약해지는 소견 보여 자기공명영상 검사 시행 　= 혈종에 의한 척수압박 진단 　= 응급으로 혈종제거술, 제2-6경추에 걸친 미세 추간판절제술 및 추체간 유합술 시행. 원고의 경추부 전방 및 후방, 골반(뼈이식을 위하여 뼈를 채취한 부위) 부위에 배액관 설치하고 수술 종료
2004. 8. 30. ~ 2004. 9. 9.		• 헤모글로빈(단위 g/dℓ, 참고치 13~18), 혈소판(단위×1,000개/㎕, 참고치 130~450), 혈액응고검사(aPTT: 단위 초, 참고치 23.8~40.5; PT: 단위 초, 참고치 10.8~12.8; Fibrinogen: 단위 mg/dℓ, 참고치 200~400; D-Dimer: 단위 ㎍/㎖, 참고치 0~0.3; FDP

날짜	시간	사건 개요					
2004. 8. 30. ~ 2004. 9. 9.		정성검사 참고치 negative), 수술부위의 배액량(단위 cc), 수혈량 (단위봉지) 등 결과 추이					

검사시각	헤모글로빈	혈소판	혈액응고검사	1일 배액량	1일 수혈량	비고
8-30 15:31	14	188	aPTT 35.2 PT 10.7 INR 0.85			
9-1 17:36	10.3	134		260		
9-2 1:27	13.4	146		10		
9-3 13:18	9.3	104		409		
9-4 17:52	6.4	87	aPTT 26.2 PT 12.4 INR 1.11	1170	적혈구 4	
9-5 1:04	8.3	80	aPTT 24.5 PT 12.1 INR 1.07	896	적혈구 2 혈소판 5	
9-6 2:12	7	108	aPTT 26.1 PT 14.3 INR 1.5	1153	적혈구 3	보고시각: 4:45
9-6 11:40			Fibrinogen 36.7 이하 D-Dimer 1.4 FDP(+)			보고시각: Fib 15:37 D-Dimer, FDP 17:15
9-7 4:52	4.8	71	aPTT 28.3 PT 14.0 INR 1.39	254	적혈구 4 혈소판 5 신선동결혈장 3	신선동결혈장 은 16:00경 투여시작
9-8 1:35	8.5	80	aPTT 26.3 PT 13.5 INR 1.35	524	?	
9-9 1:43	8.6	91	aPTT 24.9 PT 12.1 INR 1.07	210	?	

날짜	시간	사건 개요
2006. 9. 6.	14 : 30경	• 혈압 140/110, 맥박수 83회/분, 체온 36.5℃, 호흡수 22회/분으로 호흡수가 약간 상승됨
	16 : 00경	• 맥박수 92회/분, 산소포화도 96%로 유지됨
	19 : 00경	• 산소포화도가 89%로 떨어지면서 호흡곤란 호소 = 산소 10ℓ/분의 속도로 투여. 산소포화도 95%로 유지됨 • DIC 진단. 향후 평가를 위하여 혈액내과에 협진 요청 계획
	20 : 20경	• 청색증, 호흡곤란 소견 발생 • 산소포화도 65%로 감소, 심박수 56/분에서 곧 40회/분 이하로 감소, 혈압은 측정되지 않는 등 심폐정지 상태가 됨
	20 : 24경	• 의사 A 기관 삽관 시도, 실패. 마스크·앰부로 산소 공급
	20 : 26	• 의사 B 기도 삽관 시도, 실패. 마스크·앰부로 산소 공급
	20 : 35경	• 의사 B가 기관 삽관에 성공하여 인공호흡기에 연결. 구강 및 기관에 대한 흡인 결과 다량의 혈액성 분비물이 흡인됨
	20 : 42	• 산소포화도가 100%로 유지되었으나 의식불명 상태가 됨
그 후		• 저산소성 뇌손상으로 인한 식물인간 상태로 계속하여 중환자실에서 인공호흡기 치료 받음
2007. 3. 20.		• 저산소성 뇌병증으로 사망

2. 법원의 판단

가. 수술로 인한 지혈이상에 대한 처치 과실 여부: 법원 인정(제1심)

(1) 법원 판단

혈액응고에는 혈소판뿐만 아니라 혈액응고인자도 필요한데 환자가 만성적 응고기능저하가 아니라 수술 후 급성으로 대량의 출혈이 계속 되어 혈액성분이 결핍되어 2004. 9. 6. 02 : 12경 채혈된 혈액에서 혈액응고기능이 떨어진 소견을 보였다. 의료진은 검사결과를 보고받은 2004. 9. 6. 4 : 45에 즉시 환자에게 신선동결혈장(FFP) 등 혈액응고인자를 보충하는 수혈을 해 주어야 함에도 적혈구와 혈소판만 수혈한 채 혈액응고인자에 대한 수혈을 하지 않았고, 2006. 9. 6. 11 : 40경 채혈된 혈액에서 섬유소원(fibrinogen)이 36.7mg/㎗ 이하로 감소되고 FDP도 검출되는 등 DIC의 소견까지도 나왔음에도 혈액응고인자의 보충을 위한 수혈을 지체하는 등 출혈 또는 DIC에 대한 조치를 미흡하게 하였다. 결국 환자는 2회에 걸친 광범위한 수술에 의한 조직손상, 수술 중 대량출혈로 인하여 혈액응고인자가 감소되고 지혈이상이 발생하였으며, 수술 후 계속된 출혈로 혈액응고인자의 소모가 더욱 심해지는 상황에서 혈액응고인자의 보충을 위한 수혈도 없어 결국 DIC로 진행되었고, DIC로 인하여 수술부위와 호흡기 부위 등에 출혈이 발생하여 심폐기능 저하에 따른 저산소성 뇌손상에 빠진 것으로 보여 의료진의 과실을 인정한다.

3. 손해배상범위 및 책임제한

가. 의료인 측의 손해배상책임 범위: 40% 제한

나. 제한 이유

(1) 경추성 척수증의 질병의 경과 및 환자의 수술 전 상황, 소아마비의 과거력 등에 비추어 피고병원 의료진의 잘못이 없더라도 환자에게는 어느 정도 후유장애가 남거나 시간의 경과로 다시 악화될 가능성이 보이는 점

(2) 환자는 혈액응고검사 등에서 이상소견이 나온 지 수 시간 만에 심폐정지에 이르는 등 임상경과의 진행이 빨라 의료진으로서도 대처할 시간이 충분하지 못하였던 점

(3) 환자가 2006. 9. 6. 오전 신선동결혈장 등을 수혈받았더라도 심폐기능 저하에 따른 저산소성 뇌손상에 빠지지 않았으리라고 단정하기 어려운 점

다. 손해배상책임의 범위

(1) 제1심

① 청구금액: 413,658,806원

② 인용금액: 103,279,412원{생존 시 매월 3,600,000원(치료비 9,000,000원×
   40%)지급}
   - 총 78,279,412원: (52,441,932원 + 143,256,600원)×40%
   = 일실수입: 52,441,932원

　　= 치료비: 143,256,600원

　　- 위자료: 25,000,000원

(2) 항소심[2]

① 청구금액: 155,560,414원
② 인용금액: 96,542,756원(101,906,679원-5,363,922원)
　　- 일실수입: 58,906,679원
　　- 장례비: 3,000,000원
　　- 위자료: 40,000,000원
　　- 치료비 공제: 5,363,922원

4. 사건 원인 분석

　　환자는 경부통증, 양측 상지 및 하지 방사통, 양손의 저린느낌, 심한 보행장애 등을 호소하며 피고병원에 내원하였고 경추성 척수증에 관한 수술을 받았다. 수술 후 다리 힘이 약해지는 소견 보여 검사를 시행한 결과, 혈종에 의한 척수압박으로 진단되어 응급수술을 시행하였고, 대량의 출혈로 인해 수술 후 DIC로 진행되었다. DIC로 인해 수술부위와 호흡기 부위 등에 출혈이 발생해 심폐기능 저하에 따른 저산소성 뇌손상에 빠졌다. 이 사건과 관련된 문제점 및 원인을 분석해본 결과는 다음과 같다.

　　첫째, 혈액응고기능이 떨어진 소견을 보인 검사결과를 보고받은 즉시 혈액응고인자를 보충하는 수혈을 해주어야 함에도 적혈구와 혈소판만 수혈하였다. 처음에는 출혈이 계속되자 저혈량성 쇼크를 막기 위해 적혈구 혈소판과 함께 수액을 공급했던 것으로 보이지만, DIC를 처음부터 염두에 둔 것 같지는 않는다는 자문의견이 있었다.

---

2) 원고들은 2007. 1. 5.부터 2007. 3. 20.까지 중환자실 입원료 등으로 1일 300,000원씩을 지출하였다고 주장하나 이를 인정할 증거가 없어 인정하지 않음.
　2004. 8. 30.부터 2007. 1. 2.까지의 입원기간 동안 환자 측 본인부담 치료비 8,939,870원이 발생한 사실을 인정하여, 위 치료비 중 피고의 책임비율 40%를 넘는 5,363,922원(8,939,870원×60%)은 원고측이 부담할 부분이므로 이 사건 손해배상금에서 공제함

둘째, 검사 결과 이상소견이 나온 지 수 시간 만에 심폐정지에 이르는 등 임상 경과의 진행이 빨라 대처할 시간이 충분하지 못하였던 것으로 생각된다.

2004. 9. 1. 추궁판성형술 시행 후 2일간 배액량은 680cc였던 반면, 2004. 9. 3. 혈종 제거술을 시행한 뒤 3일간 매일 약 1000cc 정도의 배액량이 이어진 점을 보아 재수술로 혈종 제거술을 실시했을 때 최초에 혈종을 생성했던 출혈 혈관이 재출혈을 일으켰을 것으로 추정되며 이에 대한 조치가 미흡했을 가능성이 있다. 즉, 외과적인 지혈이 불충분한 상태에서 지속적 대량 출혈이 이루어져 결국 DIC로 가게 된 것으로 보인다는 자문 의견이 있었다(〈표 13〉 참조).

〈표 13〉 원인분석

분석의 수준	질문	조사결과
왜 일어났는가? (사건이 일어났을 때의 과정 또는 활동)	전체 과정에서 그 단계는 무엇인가?	– 수술 후 환자 관리 단계(수술 부위 출혈 조절 미흡)
가장 근접한 요인은 무엇이었는가? (인적 요인, 시스템 요인)	어떤 인적 요인이 결과에 관련 있는가?	• 의료인 측 – 수술 후 처치 지연(계속되는 출혈에도 수혈, 지혈을 위한 재수술 등의 외과적 조치나 협진, 전과 등의 조치를 취하지 않음)
	시스템은 어떻게 결과에 영향을 끼쳤는가?	

5. 재발 방지 대책

원인별 재발방지 사항 제안은 〈그림 13〉과 같으며, 다음과 같은 의료인의 행위에 관한 재발방지 대책이 필요하다.

〈그림 13〉 판례 13 원인별 재발방지 사항 제안

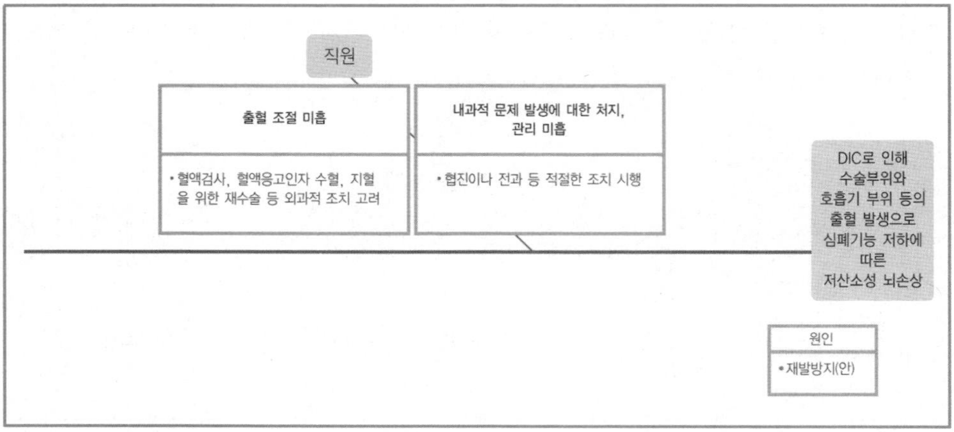

(1) 의료인의 행위에 대한 검토사항

수술 후 수술 부위의 출혈이 계속될 경우 수시로 혈액검사를 시행하고 혈액응고인자를 수혈하며 지혈을 위한 재수술 등의 외과적 조치를 고려하여야 한다. 또한 정형외과에 입원한 환자에게 내과적 문제가 발생한 점에 대해 즉각적으로 협진이나 전과 등의 적절한 조치를 취해야 한다.

▮ 참고자료 ▮ 사건과 관련된 의학적 소견[3]

(1) 지혈

지혈은 1차적 지혈과 2차적 지혈로 구분할 수 있다. 그 중 1차적(원발성) 지혈은 손상된 부위의 혈소판 전색이 형성되는 과정을 말하는데, 손상 후 수초 내에 일어나며 모세혈관, 소동맥, 정맥 등의 지혈에 중요하다. 2차적(속발성) 지혈은 섬유소(fibrin)를 형성하는 혈장(혈액에서 혈구 등 유형성분을 제외한 액체부분을 말함) 응고계의 일련의 반응을 말하는데, 그 과정은 수분이 요구되며 큰 혈관의 지혈에 중요하다. 혈장에 포함된 혈액응고인자(혈액응고 단백질)들은 복잡한 일련의 과정을 거쳐 프로트롬빈(prothrombin, factor II)을 트롬빈(thrombin)으로 활성화시키고, 트롬빈은 섬유소원(fibrinogen, factor I)을 섬유소(fibrin)로 전환시키며, 섬유소는 서로 체인모양으로 연결되어 혈소판의 응집을 강화시키는 등 원발성 지혈 전색을 강화시킨다. 이러한 혈장 응고계는 소량만이 활성화되어 지혈 색전이 손상부 이외로 퍼지지 않도록 조절되고 있는데, 안티트롬빈(antithrombin)은 혈액응고를 억제하는 대표적인 혈장 내 억제인자 중의 하나이고, 널리 사용되는 항응고제인 헤파린(heparin)은 위 안티트롬빈의 활성을 촉진시키는 작용을 가지고 있는 것으로 알려져 있다.

(2) 범발성 혈관내 응고장애(disseminated intravascular coagulation, DIC)

DIC는 미세혈관내 섬유소가 형성되고 이차적으로 섬유소의 용해가 일어나는 증후군으로서, 폭발적으로 발생하여 생명을 위협하는 출혈을 야기하는 등 응급치료를 요할 수도 있고, 증상이 없을 때도 있다. 많은 질환에서 DIC가 합병될 수 있으나 흔한 원인은 산과질환, 심한 외상, 패혈증 등이다.

임상증상은 병기와 중증도에 따라 달라지는데, 초기에는 전신의 미세혈관에 혈전이 생기다가 그 후 혈액응고인자와 혈소판이 고갈되고 섬유소분해산물(FDP, fibrin degradation product)의 항지혈작용으로 인하여 피부, 점막, 수술부위 등 여러 곳에서 출혈을 일으키게 된다. 검사실 소견에는 혈소판 감소증, 분열 또는 균열된 적혈구의 출현, 혈액 응고인자고갈에 따른 프로트롬빈 시간(PT: prothrombin time, 환자의 혈장에 tissue thromboplastin과 칼슘을 첨가하여 섬유소형성까지의 시간을 재는 검사로서 비정상적으로 길어지는 경우 응고인자 중 I, II, V, VII, X의 결핍 등을 의심할 수 있다), 부분트롬보플라스틴 시간(aPTT: activated patial thromboplastin time)의 연장, 섬유소원의감소, FDP의 증가 등이 나타난다. 치료에는 DIC의

---

3) 해당 내용은 판결문에 수록된 내용임.

유발요인을 교정하는 치료와 출혈 또는 혈전 등 주 증상에 대한 치료가 있다. 주증상이 출혈인 DIC 환자에서는 고갈된 혈액응고인자를 보충해 주기 위한 신선냉동혈장{FFP: fresh frozen plasma, 전혈(全血)에서 혈장을 분리하여 얼린 것으로서 섬유소원을 포함한 모든 혈액응고인자가 포함되어 있음}, 혈소판 감소증을 교정하기 위한 혈소판농축액을 수혈하여야 한다. DIC는 치료를 적극적으로 시행하여도 원인질환의 자연경과는 거의 변하지 않기 때문에 DIC의 치료는 환자의 증상을 안정시키고 출혈 또는 심한 혈전증을 막아 근본적 치료의 시작을 가능하게 하는 의미가 크다.

판례 14. 좌측 하지 근막통 증후군 환자가 적절한 조치를 받지 못해 결국 중증패혈증으로 사망한 사건_서울동부지방법원 2009. 2. 19. 선고 2006가합935 판결

1. 사건의 개요

좌측 고관절 관절염으로 유합술을 받은 환자가 좌측 하지 근막통 증후군으로 진단 받은 후 입원치료를 받던 중 패혈증이 나타나 항생제 투여를 했으나 결국 타병원 전원 이후 사망한 사건이다[서울동부지방법원 2009. 2. 19. 선고 2006가합935 판결]. 자세한 사건의 경과는 다음과 같다.

날짜	시간	사건 개요
2005. 7. 30.		• 운동 중 좌측 고관절 부분에 근육통이 있어 인근 병원에서 물리치료를 받음(환자 1974. 8. 7.생, 사고 당시 30세 11개월, 여자) • 30년 전에 좌측 고관절 패혈성 관절염으로 유합술을 받은 병력 있음
2005. 8. 1.		• A 재활의학과의원에서 검사 결과 좌측 하지 근막통 증후군 진단 받음
2005. 8. 2.		• 입원하여 치료 받음
2005. 8. 3.	06 : 00	• 통증 심화됨
	07 : 40	• 피고 병원 응급실로 전원 • 전원 당시 체온 36.9℃, 맥박 90회/분, 호흡 20회/분, 혈압 130/70mmHg 안정적인 상태 • 혈액검사결과 적혈구침강속도 70mm/h, 백혈구 10,300개 • 좌측 고관절의 통증을 호소하였는데 좌측 고관절에 약간의 부종이 관찰됨
		• 방사선 촬영 시행 = 좌측 고관절 유합 상태임
	11 : 45	• 피고 병원에 입원 • 피고 병원 의사가 주치의로서 진료함

날짜	시간	사건 개요				
2005. 8. 3.		• 활력징후 결과				

일시	체온 (℃)	수축기/이완 기혈압 (mmHg)	맥박 (회/분)	호흡수 (회/분)
2005. 8. 3. 12 : 00	36.6	120/70	66	20
18 : 00	37.5	110/60	104	20
20 : 00	37.6		120	
2005. 8. 4. 6 : 00	38.7	90/50	84	20
7 : 00	39	100/60	120	20
10 : 00	38.2			
12 : 00	37.3			
14 : 00	36.7			
16 : 00	36.4	90/60	80	19
18 : 25	36.6	70/60	99	20
18 : 30		100/60		
19 : 40		100/60		
20 : 10	36	100/60	80	24
20 : 40		110/70	147	26
20 : 50		40/30	149	28

날짜	시간	사건 개요
2005. 8. 4.	06 : 00	• 체온 38.7℃ = 얼음주머니를 대고 해열제인 아스피린 1vial을 정맥주사함
	08 : 00	• 상태 관찰 = 체온 때문에 내과 협진 결정. 만일 환자의 체온이 38℃ 이상이면 혈액균 배양검사를 한 후, 그 결과에 따라 항생제를 결정하기로 함
2005. 8. 4.	10 : 00경	• 혈액균 배양검사 실시
	18 : 00경	• 내과 협진 • 패혈증 의심
	18 : 30	• 항생제인 세포탁심과 시프로바이 처방
	19 : 00	• 항생제 투여
	20 : 45경	• 중환자실로 전실
	22 : 30경	• 타병원으로 전원
2005. 8. 5.	04 : 20	• 직접사인 다발성 장기부전, 선행사인 중증 패혈증으로 사망

2. 법원의 판단

가. 감염여부 의심 및 패혈 증상에 대한 적절한 조치를 하지 못한 과실 여부: 법원 인정

(1) 환자 측 주장

환자는 주치의인 피고에게 여러 차례 통증과 고열을 호소하였으나, 위 의료진은 발열 및 빈맥에도 불구하고 2005. 8. 3. 20 : 00 이후에는 환자의 활력징후를 측정하지 않다가, 2005. 8. 4. 6 : 00경 활력징후를 측정하였다. 그 당시 고열, 저혈압, 빈맥 등으로 감염에 의한 패혈증이 의심되는 상황에서 신속히 혈액검사 및 항생제 투여 등의 대처를 하지 않아, 중증패혈증이 된 이후에야 비로소 패혈증을 의심하여 패혈증에 대한 적절한 조치 없이 치료시기를 놓치게 되었다.

(2) 의료진 측 주장

환자는 고관절의 통증을 호소하면서 고관절 분리수술과 인공관절 전치환술을 받기 위하여 피고 병원에 내원하였고, 내원 당시 시행한 이학적 검사, 활력징후검사 및 혈액검사결과 패혈증을 의심할 만한 증상을 보이지 않았다. 또한 환자는 2005. 8. 4. 6 : 00부터 7 : 00까지 단 1회 고열과 빈맥 증상을 보여 패혈증 같은 중한 감염의 발생을 의심할 수는 없었고, 무분별한 항생제 사용에 따른 부작용 관련해서 이 사건의 환자와 같이 다른 위중한 증상 없이 발열이 있는 환자에게 무분별하게 항생제를 투여해서는 안 되고, 환자의 상태를 지켜보면서 균배양 검사가 나온 이후 항생제를 투여해야 하는 것이다.

환자는 2005. 8. 4. 18 : 00경 갑자기 혈압이 저하되고 소변량이 감소하는 등 중환 질환의 발생이 의심되는 증상을 보였고, 피고병원 의료진은 환자가 위와 같은 쇼크증상을 나타낸 때로부터 1시간 이내에 항생제를 투여하는 등 필요한 처치를 하면서 환자에 대한 집중적인 치료를 하였다. 패혈증은 감염의 원인을 파악하고 적극적인 치료를 한 경우라도 사망률이 높기 때문에 원고들이 주장하는 바와 같이 환자에 대하여 2005. 8. 4. 6 : 00부터 7 : 00까지 항생제를 투여하였더라도 환자의 급격한 사망을 막기 어려웠을 것이다.

(3) 법원 판단

피고병원 의료진은 2005. 8. 4. 6 : 00 ~ 7 : 00경 환자의 발열에 대해서 해열제만 처방하였을 뿐 환자의 감염 가능성 및 그로 인한 패혈증에 대해서는 별 다른 의심을 하지 않았던 것으로 보인다. 혈액균배양검사도 환자의 발열상태가 상당기간 지속된 후인 같은 날 10 : 00경 실시하였을 뿐만 아니라 실제로 항생제 처방은 피고 병원의 내과의사가 같은 날 18 : 00경 환자를 진료하고 패혈증을 의심한 후 18 : 30경 이루어졌다. 그 이전인 18 : 25경 이미 환자의 혈압이 70/60mmHg로 떨어지는 등 중증 패혈증 증상을 보이고, 환자는 같은 날 20 : 50경 혈압이 40/30mmHg로 다시 감소하여 패혈성 쇼크로 진행하여, 같은 날 22 : 30경 타병원으로 전원된 이후 다음날인 2005. 8. 5. 4 : 20경 선행사인 중증 패혈증, 직접사인 다발성 장기부전으로 사망에 이르게 된 것이다. 그러므로 피고병원 의료진이 2005. 8. 4. 6 : 00 ~ 7 : 00경 환자의 감염 여부 및 이로 인한 패혈증의 발생을 의심하여 적극적인 조치를 취하지 않아 패혈 증상에 대해 조기에 대처하지 못하여 패혈성 쇼크로 사망에 이르게 되었음을 인정한다.

피고들은 패혈증은 적극적인 치료를 하더라도 사망률이 높기 때문에 피고병원 의료진이 2005. 8. 4. 6 : 00 ~ 7 : 00경 환자에게 항생제를 투여하지 아니한 것과 환자의 사망 사이에 인과관계가 없다고 주장하지만, 위와 같은 사실만으로는 피고 병원 의료진의 과실과 환자의 사망 사이의 인과관계가 없다고 할 수 없으므로, 의료진의 주장은 이유 없다.

3. 손해배상범위 및 책임제한

가. 의료인 측의 손해배상책임 범위: 20% 제한

나. 제한 이유

(1) 환자가 피고 병원에 입원하고 만 24시간이 되기 전인 2005. 8. 4. 6 : 00 ~ 7 : 00경 패혈증 증상을 나타냈고, 같은 날 18 : 25경 중증패혈증으로, 20 : 50경 패혈성 쇼크로 진행되는 등 그 진행속도가 대단히 빨랐던 점

(2) 패혈증에 대하여 신속하고 적절한 치료를 하면 사망률을 낮출 수는 있으나, 100% 환자의 사망을 막을 수는 없는 것이고, 2005. 8. 4. 오전에 항생제를 투여하였다고 하더라도 중증 패혈증으로 진행할 수 있는 가능성이 있었던 점

(3) 패혈성 쇼크 환자의 생존율은 40~60%에 불과한 점

(4) 환자는 고관절 분리수술과 인공관절 전치환술을 받기 위해 피고 병원에 내원한 것이어서 피고병원 의료진은 환자에 대하여 처음부터 감염의 가능성을 염두에 두기는 쉽지 않았던 점

다. 손해배상책임의 범위

(1) 제1심

① 청구금액: 255.509,484원

② 인용금액: 54,558,596원

    - 총 38,558,596원: (189,087,300원 + 3,000,000원 + 705,680원)×20%

      = 일실수입: 189,087,300원

      = 장례비: 3,000,000원

      = 치료비: 705,680원

    - 위자료: 16,000,000원

4. 사건 원인 분석

30년 전 좌측 고관절 패혈성 관절염으로 유합술을 받은 병력 있는 환자가 좌측 고관절 부위 근육통으로 좌측 하지 근막통 증후군으로 진단받고 피고병원 응급실에 내원하였다. 방사선 촬영 결과 좌측 고관절 유합 상태였고 입원치료를 받았는데, 발열 증상이 있어 혈액의 균배양검사를 실시하고 내과진료를 시행하였으며 패혈증을 의심해 항생제를 투여하였다. 타병원으로 전원되었으나 중증 패혈증으로 사망하였다. 이 사건과 관련된 문제점 및 원인을 분석해본 결과는 다음과 같다.

첫째, 고열과 빈맥증상이 나타났을 때 원인을 찾기 위한 노력이 부족했던 것으로 보인다. 환자에게 현저한 고열과 빈맥이 동시에 나타났다면 감염 쇼크를 의심하여

신속한 내과협진 및 조치가 필요하다. 또한 고열과 빈맥을 증상으로 보이는 질환이 매우 다양하여, 우선 열의 원인을 찾아보기 위하여 Chest PA X-ray, 혈액검사, 혈액 균배양, 소변검사 등을 실시하여야 하고, 빈맥의 원인을 알기 위해서는 EKG, 심장 초음파 등을 실시하여야 한다.

둘째, 발열 증상과 맥박수가 증가하는 상황에서 환자의 활력징후를 더 자주 측정하고 상태를 관찰해야 함에도 2005. 8. 3. 20 : 00 이후 2005. 8. 4. 6 : 00에 측정한 것으로 기록상 나타나 있다. 이와 관련하여 활력징후 측정과 환자 관찰을 소홀히 한 것으로 생각된다. 의심이 필요한 상황에서 의료진은 이를 가볍게 생각하여 간과한 것으로 보인다(〈표 14〉 참조).

〈표 14〉 원인분석

분석의 수준	질문	조사결과
왜 일어났는가? (사건이 일어났을 때의 과정 또는 활동)	전체 과정에서 그 단계는 무엇인가?	− 치료 후 환자 관리 단계(감염의 원인 규명을 위한 진단 및 처치 지연)
가장 근접한 요인은 무엇이었는가? (인적 요인, 시스템 요인)	어떤 인적 요인이 결과에 관련 있는가?	• 환자 측 − 좌측 고관절 패혈성 관절염 • 의료인 측 − 원인 규명을 위한 노력 부족 및 적절한 조치 미흡 − 고위험군 환자 관리 미흡
	시스템은 어떻게 결과에 영향을 끼쳤는가?	• 의료기관 내 − 고위험군 환자 관리 미흡

5. 개발 방지 대책

원인별 재발방지 사항 제안은 〈그림 14〉과 같으며, 각 주체별 재발방지 대책은 아래와 같다.

〈그림 14〉 판례 14 원인별 재발방지 사항

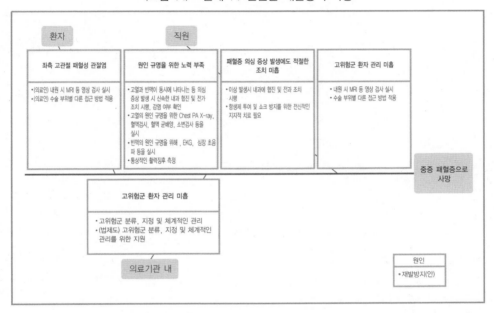

(1) 의료인의 행위에 대한 검토사항

패혈증이 발생하기 쉬운 고위험군의 환자가 내원 시 MRI 등의 영상 검사를 시행하여 사전에 감염증을 발견할 수 있도록 한다. 환자 관리를 위해 통상적으로 활력징후를 측정하고, 환자에게 고열과 빈맥 등의 감염 증상이 발생하였을 경우 신속하게 내과에 협진 및 전과를 하여 감염 여부를 확인하여야 하고, 고열과 빈맥의 원인 규명을 위한 검사를 시행하여야 한다.

(2) 의료기관의 운영체제에 관한 검토사항

고위험군 환자를 분류하여 각 환자군에 따른 체계적인 관리를 하여 사전에 악결과를 예방할 수 있도록 한다.

(3) 국가·지방자치단체 검토사항

고위험군 환자를 분류하여 각 환자군에 따른 체계적인 관리가 가능할 수 있도록 지원한다.

┃참고자료┃ 사건과 관련된 의학적 소견[4]

(1) 패혈증의 정의

미생물이 상피세포층을 통과하여 조직적으로 침범하여 발열 혹은 저체온증, 백혈구증가증 혹은 백혈구감소증, 빠른 맥, 빠른 호흡 등의 전신반응을 나타내는 것을 전신염증반응증후군이라고 하고, 위 증후군을 보이는 환자에서 감염의 증거가 있거나 의심되는 경우를 패혈증으로 정의할 수 있다.

(2) 패혈증의 진행단계

감염 장소로 부터 떨어진 장기에 기능이상이 동반된 패혈증을 중증 패혈증이라고 정의하며 중증 패혈증에는 혈압저하와 관류저하가 동반될 수 있다. 혈압저하가 수액투여로도 교정되지 않으면 패혈쇼크(septic shock)로 정의한다. 패혈증은 일반적으로 가역적이지만, 패혈쇼크 환자는 적극적인 치료에도 불구하고 사망하게 되는 경우가 흔하다.

(3) 패혈증의 진단

특이한 진단법은 없고, 발열 혹은 체온저하, 빠른 맥, 빠른 호흡, 백혈구 증가 또는 감소 등의 소견이 진단적으로 민감도가 높고, 갑작스런 정신상태의 변화, 혈소판의 감소, 저혈압 등으로도 의심할 수 있다. 체온이 38.5℃ 초과 또는 35℃ 미만, 맥박수 분당 90회 초과, 호흡수 분당 20회 초과 또는 동맥혈 산소분압 32mmHg 미만, 백혈구12000개/$\mu\ell$ 이상 또는 4000개/$\mu\ell$ 미만 중 2가지 이상에 부합하면 반드시 감염에 의하여 유발된 것으로 정의된다.

(4) 패혈증의 치료

패혈증은 급속히 사망할 수 있으므로, 성공적인 치료를 위해서는 감염된 국소부위에 대한 시급한 조치, 혈류 및 호흡기에 대한 치료, 침범된 미생물의 제거 등이 필요하다. 치료결과는 환자의 기저질환에 영향을 많이 받으며, 기저질환 역시 적극적인 치료를 하여야 한다.

---

4) 해당 내용은 판결문에 수록된 내용임.

판례 15. 추간판탈출증 수술 후 처치 과실로 심한 운동제한 및 근력약화가 진행된 사건_부산고등법원 2010. 4. 22. 선고 2009나14845 판결

1. 사건의 개요

이전에 추간판탈출증 진단 및 치료를 받았으나 호전이 없어 제4요추 후궁좌측 부분절제술 및 제4-5요추 간 추간판제거술을 시행하였으나 수술이 세밀하게 진행되지 못하고 수술 후 처치가 미비하여 현재 심한 요통, 요추부의 심한 운동제한, 하지 진전 및 근력약화가 진행된 사건이다[울산지방법원 2009. 8. 20. 선고 2006가합6979 판결, 부산고등법원 2010. 4. 22. 선고 2009나14845 판결]. 자세한 사건의 경과는 다음과 같다.

날짜	시간	사건 개요
2003. 11.경		• A병원에서 제4-5요추간 추간판탈출증 진단 받고 약물 및 물리치료만 받으며 지냈으나 증세가 호전되지 않음(환자 1978. 4. 5.생, 사고당시 26세 3개월, 남자)
2004. 7. 28.		• 피고병원 내원 • 요통 및 양하지 방사통 증세에 대한 호전 위해 수술 권유
2004. 7. 30.		• 피고병원 입원 • 후궁좌측부분절제술 및 제4-5요추 간 추간판제거술에 관한 동의서 받음
2004. 7. 31.		• 제4요추 후궁좌측부분절제술 및 제4-5요추 간 추간판제거술 시행(1차 수술)
	수술 직후	• 양하지 저린감 및 무력감, 우측 발가락 신전이상 및 요통 등 호소
		• 경과 관찰
2004. 8. 7.		• 요추 MRI 촬영검사, 컴퓨터 적외선 체열촬영검사, 요추 X선 촬영검사 실시 = 요추 4-5번 경막외 공간에 혈종이 있음을 발견
		• 별다른 조치를 취하지 않고 경과만을 관찰

날짜	시간	사건 개요
2004. 8. 7		• 계속하여 양하지 무력감 및 저린감, 좌측발가락 신전이상, 요통, 배뇨장애 등 호소
2004. 8. 13.		• 요추 MRI 촬영검사 재시행
2004. 8. 14.		• 제4−5요추간 후궁전절제술, 경막외 혈종제거 및 신경유착박리술에 관한 동의서 받음 • 제4−5요추간 후궁전절제술, 경막외 혈종제거 및 신경유착박리술 시행(2차 수술) = 척추신경관 경막을 절개하여 요추신경근 확인
	수술 후	• 요통과 좌하지 무력감만을 호소
2004. 8. 16.		• 양하지 저린감 및 무력감, 좌:우 둔부 통증 및 저림감, 요통 등 호소
		• 뇌척수액이 조금 누출되는 것을 관찰
2004. 8. 27.경부터		• 좌하지 외전증상 추가 호소 = 약물 및 물리치료 등 보존적 치료만 시행
		• 증상의 호전 없고, 요통 등의 통증이 가중됨
2004. 10. 23.		• B신경과에서 양하지 신경전도 검사 시행 = 우측천골 신경병증(다발성 지주막염 타입) • 근전도 검사 시행 = 우측 천골 신경병증을 동반한 좌측 요추 2, 3, 4번 신경근병증 발견 =양측 지주막염 진단
2004. 10. 27.		• MRI 촬영검사 시행 = 요추 4−5번(또는 3−4번) 디스크 추간원판 탈출증 진단
	검사 후	• 환자는 피고에게 검사결과와 함께 요통 등 극심한 통증을 호소하였으나 약물 및 물리치료 등 보전적 치료만을 시행함
2005. 3. 1.경		• 양하지 경련증상이 추가로 관찰되어 환자가 전원 요구함
2005. 3. 21.		• 피고 병원 퇴원. C병원 입원
		• C병원 의사는 요추 및 하지의 심한 통증, 비자발성 운동증상 및 1:2차 수술부위의 염증 등의 소견이 관찰되어 환자에게 수술을 권유함 = 수술권유에 대해 피고와 의논한 결과 수술을 받기로 결정함

날짜	시간	사건 개요
2005. 4. 27.		• 제3-4, 4-5요추간 기구고정술, 신경유착에 대한 경막성형술 및 신경유착해지술 시행 = 4-5요추 간 경막부위에 1cm 가량의 결손과 위 경막결손부 위에 추간판의 잔재가 위치하고 있는 것이 관찰됨
2008. 6. 23.		• C병원 의사가 지주막염으로 인한 극심한 요통 등의 통증을 완화하기 위하여 척추신경자극기 삽입술 시행
현재		• 심한 요통, 요추부의 심한 운동제한, 하지 진전 및 근력약화의 소견을 보이고 있고, 시기적으로 증상이 고정되어 향후 치료에 의해서도 개선될 가능성이 보이지 않음

2. 법원의 판단

가. 1·2차 수술 및 수술 후 처치상의 과실 여부: 법원 인정

(1) 법원 판단

① 환자는 1차 수술 전에는 양하지 운동에 특별한 장애를 보이지 않았는데 1차 수술 직후부터 양하지 저린감 및 무력감, 우측발가락 신전이상을 보였고, 2차 수술 이후에는 하지통증 및 불수의적 운동증후군이 나타나 최종적으로 지주막염으로 진단된 점, ② 요추간판제거술 등 수술합병증으로 경막외 혈종이 발생할 수 있고, 예후는 발병과 수술 시까지의 시간경과 정도와 증상의 진행속도에 영향을 받는데, 의료진은 환자가 1차 수술 직후부터 양하지 저린감 및 무력감, 우측발가락 신전이상의 증상을 호소하였음에도 즉시 혈종에 의한 신경압박 등에 대한 검사를 하지 않고 1주일 정도가 지난 2004. 8. 7. 요추 MRI 촬영검사 등을 하였으며, 검사 결과 요추 4-5번 경막외 공간에 혈종이 있음을 발견하였음에도 다시 1주일이 경과한 2004. 8. 14. 2차 수술을 시술하여 1차 수술 후부터 경막외 혈종제거를 위한 2차 수술시까지 경막외 혈종으로 인하여 상당한 신경압박이 있어 척수신경이 손상을 입었을 개연성이 있는 점, ③ 2차 수술을 받은 후인 2004. 8. 16.경 환자에게서 뇌척수액의 누출이 관찰되었고, 피고병원 수술 당시에도 1, 2차 수술부위의 경막이 1cm 가량 결손된 것이 관찰되었음을 보아 1차 수술 당시 경막파열이 있었거나 2차 수술 당시 경막파열이 있

었던 것으로 보이고, 경막파열로 예상되는 합병증 중의 하나가 지주막염인 점, ④ 추간판제거술의 시행 시 절제한 추간판이 신경을 압박하지 않도록 절제한 추간판을 충분히 제거하여야 함에도 1차 수술 당시 절제한 추간판을 충분히 제거하지 않아 파열된 경막에 추간판의 잔재가 위치하여 지주막염의 원인이 된 것으로 보이는 점 등을 보면, 의료진이 1차 또는 2차 수술을 시행하면서 환자의 척수를 지나치게 견인하거나 수술기구를 잘못 조작하여 경막을 파열시키고, 1차 수술시 절제한 추간판을 충분히 제거하지 않아 파열된 경막 안으로 혈액 및 염증물질이 유입되어 지주막염이 발생하여 환자에게 심한 요통, 요추부의 심한 운동제한, 하지진전 및 근력약화의 장애를 입게 하였고, 또한 의료진이 1차 수술 후 경막외 혈종의 발견 및 제거를 늦게 한 것도 환자에게 장애를 입게 한 원인이 되었음을 인정한다(제1심).

① 2차 수술 후 뇌척수액의 누출 등 경막파열을 시사하는 증상이 발생하고, 좌측하지 무력감, 저린감, 경련, 우측하지 및 둔부 통증, 경련 등 지주막염 등 수술후유증을 시사하는 증상이 나타나고, 2004. 10. 23. B신경과에서 지주막염으로 진단이 되었음에도 의료진은 2005. 3. 21.까지 약물 및 물리치료 등 보존적 치료만을 시행한 점, ② 의료진은 C병원 수술에서의 과실 가능성을 제기하나, C병원 수술 후에는 환자의 장애가 비교적 완화된 점 등을 고려하여 피고의 과실을 인정한다(항소심).

나. 설명의무위반 여부: 법원 인정

(1) 법원 판단

환자가 의료진과 면담하고 2004. 7. 30. 1차 수술에 관한 동의서, 2004. 8. 14. 2차 수술에 관한 동의서를 각 작성한 사실은 인정되나, 1·2차 수술동의서에는 수술 후 가능한 합병증으로 마취에 따른 수술부위 감염이나 창상감염, 수혈에 따른 감염, 출혈 및 호흡기계 합병증이 부동문자로 표기되어 있고, 위 부동문자 외에 1차 수술동의서에는 '재발, 염증'이, 2차 수술동의서에는 '염증 : 디스크염'이 각 가필되어 있을 뿐, 1·2차 수술로 인해 경막파열과 그로 인한 합병증이 발생할 수 있다는 점에 대해서는 전혀 표기되어 있지 아니한 사실과 의료진도 1·2차 수술 이후 계속되는 환자와의 상담 중에서도 경막파열의 가능성에 대해서는 전혀 언급을 한 바가 없는 사실을 인정하여 1·2차 수술은 환자에 대한 설명의무를 다하지 않음과 환자의 선택권을 침해하여 이루어진 위법한 수술로 인정한다(제1심, 항소심).

3. 손해배상범위 및 책임제한

가. 의료진 측의 손해배상책임 범위: 55% 제한(제1심) → 80% 제한(항소심)

나. 제한 이유

(1) 환자의 경우 1차 수술 전에도 제4-5요추간 추간판이 심하게 돌출되어 요통 및 양하지 방사통 있었는데, 이러한 기왕의 증세가 지주막염의 원인 중 하나로 작용하였다고 보이는 점

(2) 지주막염의 경우 뚜렷한 원인 없이 수술 자체만으로 발생하기도 하는 점

(3) 환자도 2004. 10. 23. B신경과에서 지주막염으로 진단을 받았으면 그 직후 피고에게 그에 대한 적절한 조치를 요구하거나 타 의료기관에서 지주막염의 원인과 그에 따른 치료를 받아 봄이 상당한데도 그러지 않아 손해가 확대된 것으로 보이는 점

다. 손해배상책임의 범위

(1) 제1심

① 청구금액: 318,274,864원

② 인용금액: 89,257,469원(채무 중 50%는 면제하고 나머지는 균등분할상환하는 등의 화의인가결정 받음)

　　－ 적극적 손해: 148,514,938원: 156,514,938원{(198,970,535원＋24,059,176원＋61,542,904원)×55%}－8,000,000원]

　　　＝ 일실수입: 198,970,535원

　　　＝ 기왕치료비 등: 24,059,176원

　　　＝ 향후치료비: 61,542,904원

　　　＝ C병원의 치료비 공제: 8,000,000원

　　－ 위자료: 30,000,000원

(2) 항소심

① 청구금액: 358,324,044원

② 인용금액: 140,848,718원(채무 중 50%는 면제하고 나머지는 균등분할상환하는 등
   의 화의인가결정 받음)

   - 적극적 손해: 251,697,436원: 259,697,436원{(198,970,535원 + 24,059,176원 +
     101,592,084원)×80%} − 8,000,000원

     = 일실수입: 198,970,535원

     = 기왕치료비 등: 24,059,176원

     = 향후치료비 101,592,084원

   - 위자료: 30,000,000원

4. 사건 원인 분석

환자는 이전에 제4−5요추간 추간판탈출증 진단을 받고 치료를 받은 적 있으나 호전되지 않아 피고병원에서 제4요추 후궁좌측부분절제술 및 제4−5요추 간 추간판제거술을 시행하였다. 수술 이후 양하지 저린감 및 무력감 등 이상증상을 호소하였고 경과를 관찰하다 검사 시행하고 제4−5요추간 후궁전절제술, 경막외 혈종제거 및 신경유착박리술을 시행했으며, 이후에도 이상증상과 뇌척수액 누출 증상이 있었다. 계속하여 증상이 호전되는 양상 없이 보존적 치료만을 시행하였고 환자가 전원을 요구하여 타병원에서 제3−4, 4−5요추간 기구고정술, 신경유착에 대한 경막성형술 및 신경유착해지술을 시행하였으나 현재 심한 요통, 요추부의 심한 운동제한, 하지 진전 및 근력약화의 소견을 보이고 있고, 시기적으로 증상이 고정되어 향후 치료에 의해서도 개선될 가능성이 보이지 않는 상태이다. 이 사건과 관련된 문제점 및 원인을 분석해본 결과는 다음과 같다.

먼저 자문위원은 1차 수술 시 세밀하게 시행하지 못하여 경막에 손상을 준 점과 출혈 조절을 철저하게 하지 않아서 혈종이 생긴 점이 가장 큰 문제점으로 보인다고 하였다.

첫째, 법원의 판단과 같이 수술 과정에서의 문제가 있었던 것으로 추정된다. 수

술 중 경막을 파열시킨 것과 절제한 추간판을 충분히 제거하지 않은 것이 수술 중에 발생한 원인으로 생각된다. 자문위원은 추간판 절제술 시행 시 경막파열은 발생할 수 있는 합병증이지만 대개는 경막 봉합으로 해결되며, 봉합이 불가능 경우에는 여러 방법의 봉쇄(seal-off) 조치만 적절히 하여도 특별한 신경학적 합병증은 발생하지 않으므로, 이 사건의 환자의 경우 전원 후 수술에서 1cm 정도의 경막파열이 존재하였고 그 속에 추간판 잔유조직까지 있었다면 이는 수술조치 상의 과실이 상당한 것으로 보인다고 하였다.

둘째, 1차 수술 후 경막 외 혈종의 발견을 늦게 한 것과 혈종이 있음을 2004. 8. 7.에 발견한 후 2004. 8. 14.에 수술을 시행한 것이다. 수술 중 직접적인 신경 손상이 발생하여 이에 대해 조치를 한 경우가 아니라면 척추 신경 감압 수술 후 발생한 신경증상에 대해서는 혈종에 의한 압박을 의심함이 타당하다는 자문의견이 있었다. 사건과 같이 수술부위 혈종이 발견되면 위치에 따라서 신경을 압박하는 위치이거나 이와 관계가 있다고 판단되면 신속하게 혈종 제거수술을 시행해야 한다고도 하였다 (〈표 15〉 참조).

〈표 15〉 원인분석

분석의 수준	질문	조사결과
왜 일어났는가? (사건이 일어났을 때의 과정 또는 활동)	전체 과정에서 그 단계는 무엇인가?	−수술 시행 단계(수술 중 출혈조절 미흡, 경막 파열, 절제한 추간판을 충분히 제거하지 않음) −수술 후 환자 관리 단계(수술 후 경막 외 혈종을 늦게 발견하고 이에 대한 조치가 지연됨)
가장 근접한 요인은 무엇이었는가? (인적 요인, 시스템 요인)	어떤 인적 요인이 결과에 관련 있는가?	• 의료인 측 −수술 중 과실(수술 중 출혈조절 미흡, 경막 파열, 절제한 추간판을 충분히 제거하지 않음) −수술 후 환자 관찰 및 조치 지연(수술 후 발생한 신경증상에 대한 진단 및 조치 지연)
	시스템은 어떻게 결과에 영향을 끼쳤는가?	• 의료기관 내 −술기상의 과실로 인한 사고를 감소시키기 위한 의료진 교육 미흡 • 법·제도 −척추수술에 대한 분과 전문의 제도 부재

5. 재발 방지 대책

원인별 재발방지 사항 제안은 〈그림 15〉과 같으며, 각 주체별 재발방지 대책은 아래와 같다.

〈그림 15〉 판례 15 원인별 재발방지 사항

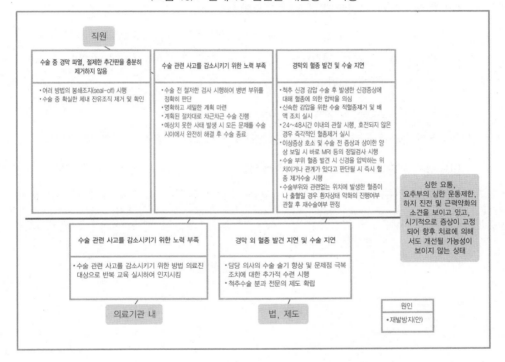

(1) 의료인의 행위에 대한 검토사항

수술 중 합병증으로 경막이 파열되었을 경우 제대로 봉합을 하고 여러 방법의 봉쇄조치를 시행하여 신경학적 합병증의 발생을 예방한다. 또한 체내에 잔유조직을 확실하게 제거하고 체내에 조직이 없음을 확인한 후 수술을 종료한다.

수술을 시행하기 전에는 수술 관련 사고를 감소시키기 위하여 검사를 시행하여 병변 부위에 대해 정확한 판단을 하고, 명확하고 세밀한 계획을 마련하여 계획된 절차대로 수술을 진행한다. 수술 중 예상치 못한 문제가 발생하면 완전히 해결한 후 수술을 마쳐야 한다.

척추 신경 감압 수술 후에 24~48시간 이내에 환자 관찰을 유심히 하여 환자에게 신경증상이 발생하면 혈종에 의한 압박을 의심하여 신속하게 혈종제거 및 배액조치를 취해 신속하게 감압을 해야 한다. 수술 전과 다른 증상을 보일 경우에는 즉시 MRI 등의 정밀검사를 시행하여야 한다.

(2) 의료기관의 운영체제에 관한 검토사항

수술 관련 사고를 감소시키기 위해 의료기관 차원에서 의료인에 대하여 반복 교육을 실시하여 의료인에게 경각심을 갖게 하고 수술에 대한 지식과 경험을 높여 수술 술기 향상을 도모해야 한다.

(3) 학회·직능단체 차원의 검토사항

의료인의 수술 술기의 향상을 위하여 추가적으로 수련을 시행하여야 한다.

(4) 국가·지방자치단체 차원의 검토사항

증가하고 있는 척추 수술 관련 사고를 예방하기 위해 척추 수술에 관련된 분과 전문의 제도를 확립하여야 한다.

| 참고자료 | 사건과 관련된 의학적 소견5)

(1) 요추간판 탈출증에 대한 치료

(가) 요추간판 탈출증(Lumbar intervertebral disc herniation)은 척추뼈 사이에 있는 '추간판(disc)'이 돌출되어 외측의 섬유륜을 파열시키고 뚫고 나온 상태를 말하고, 이에 대한 치료방법으로는 침상안정, 물리치료, 약물치료 등을 통한 '보존적 치료'와 추간판 절제술 등 '수술적 치료'가 있다.

(나) 치료방법을 선택함에 있어서는 증상, 발병기간, 통증의 강도, 재발의 횟수, 환자의 나이, 직업 등을 고려하는데, 일반적으로는 보존적 치료를 함이 원칙이나, 점차로 악화되는 신경 증상이 있거나 하지직거상 검사에 상당한 제한이 있으면서 심각한 신경증상이 있는 경우, 방광과 장의 마비를 동반한 경우, 3개월 이상 상당한 기간의 보존적 치료에도 불구하고 증상의 호전이 없는 경우, 환자에게 참을 수 없는 동통이 있거나 요통이나 하지방사통이 계속 재발되는 경우, 동통으로 인하여 활동에 심한 장애를 초래하는 경우에는 수술적 치료가 가능하다.

(다) 요추간판제거술의 수술합병증으로는 마미증후군, 정맥혈전염, 폐색전증, 상처감염, 화농성추제염, 추간판염, 경막손상, 신경근손상 등이 있고, 수술 후 기계적인 압박, 혈종, 이식지방이나 고정금속의 압박, 혈관손상, 절제한 추간판의 불충분한 제거 등 다양한 원인에 의하여 신경이상이 생길 수 있는데, 수술 중 신경이 직접 손상을 입었을 경우에는 수술 직후 그 증상이 나타나지만, 신경이 압박된 경우에는 압박의 정도에 따라 다양한 시기에 증상이 나타나고 수술 직후보다는 시간이 경과하면서 점차 증상이 진행되는 경우가 많다.

(2) 척추경막외 혈종

척추의 경막외 혈종은 혈우병 등 출혈성 질환, 외상에 의한 척추손상, 동정맥 기형, 척추강내 종양, 항응고제의 사용, 요추간판제거술 등 수술합병증, 임신 및 분만, 특별한 원인 없이 자발성으로 생기는 등 여러 가지 원인이 있고, 그 증상은 초기에 심한 요통을 보이고 약 50%에서 하지방사통이 급격하게 발생하며 수일 후에는 신경압박의 정도에 따라 운동력과 감각의 소실이 발생하는데, 예후는 발병과 수술시까지의 시간경과 정도와 증상의 진행속도에 의해 영향을 받게 된다.

---

5) 해당 내용은 판결문에 수록된 내용임.

(3) 경막의 파열

경막은 척수신경을 둘러싼 막으로 황색인대절제에 있어 수술용 칼을 너무 깊이 넣어 황색인대와 경막부분의 박리가 충분하지 않는 등 대부분 황색인대 절리절제조작의 잘못으로 경막손상이 발생하는데, 경막파열로 예상되는 합병증으로는 수술 후 초기에는 뇌척수액 누출로 인한 창상의 지연 봉합, 두통, 감염, 신경손상 등이 예상되며 장기적으로 지주막염, 지주막유착 등이 예상된다.

(4) 지주막염

척수를 감싸고 있는 지주막에 염증이 생겨 상처조직에 의한 유착으로 신경을 누르고 혈액순환이 나빠져 통증이 유발되는 증상으로, 감염이나 출혈이 원인이 되지만 뚜렷한 원인 없이 수술 자체만으로 발생하기도 하는데, 지주막염으로 인한 통증은 어떠한 치료에도 결과가 좋지 않은 것으로 알려져 있다.

판례 16. 골절상과 심부열상으로 수술 후 적절한 조치를 하지 않아 하지절단을 하게 된 사건_서울북부지방법원 2008. 11. 28. 선고 2006가합10150 판결

1. 사건의 개요

좌측 슬개골의 골절상과 좌측 슬와부의 심부열상으로 부목고정술과 변연절제술을 시행한 후 다리 통증이 심해졌으나 적절한 조치가 취해지지 않았다. 환자가 타 병원으로의 전원을 요청하여 검사를 받은 결과 좌측 슬와동맥이 폐쇄되어 결국 좌측 무릎 위 하지절단술을 하게 된 사건이다[서울북부지방법원 2008. 11. 28. 선고 2006가합10150 판결]. 자세한 사건의 경과는 다음과 같다.

날짜	시간	사건 개요
2006. 9. 26.	15 : 00경	• 화물차를 운전 중 미끄러져 도로를 이탈하여 그 충격으로 좌측 슬개골 골절상 등을 입고 A병원 응급실에 내원(환자 1958. 8. 25. 생, 사고 당시 48세 1개월, 남자)
		• 피고 B는 환자에 대하여 방사선촬영 검사 시행 = 좌측 원위부 요골 및 척골, 좌측 근위부 비골, 좌측 슬개골의 골절상 등을 확인
		• 골절상에 대하여는 부목고정술을, 좌측 슬와부의 10cm 정도의 심부열상에 대하여는 변연절제술 등을 각 시행함
		• 활력징후 검사 시행 = 정상
2006. 9. 27.	19 : 30경	• 왼쪽 다리의 통증이 심하다고 호소하여 진통소염제 투여
2006. 9. 28.	06 : 00경	• 왼쪽 다리의 통증이 심하다고 호소하여 진통소염제 투여
	10 : 00경	• 다시 왼쪽 다리의 통증과 저린감이 심하다고 호소 = 피고 B가 수술 부위 소독. 비골신경의 손상 가능성 설명함. 수술 부위의 상태가 좋아지면 근전도검사를 하여 신경손상 여부를 확인하자고 하고 진통제 및 저린감 완화 약물을 추가로 투여함
	14 : 00,	• 왼쪽 다리의 통증과 저린감이 심하다고 호소하였음에도, A병원의

날짜	시간	사건 개요
2006. 9. 28.	17 : 00, 20 : 00, 21 : 00경	의료진이 부목을 느슨하게 풀어주는 이외에 아무런 조치를 취하지 않음 • 환자가 전원 요청함
2006. 9. 29.	01 : 30경	• C병원 경유하여 D병원 응급실에 내원
	02 : 00경	• 피고 E가 방사선촬영 및 산소포화도 검사 시행 = 왼쪽 다리의 맥박이 약하게 촉지되고 산소 포화도가 83% 정도로 감소된 상태임을 확인함
		• 환자에게 왼쪽 다리에 혈관손상의 가능성이 있고 신속하게 혈관을 이어주지 않을 경우에는 다리를 절단할 수 있다고 설명함
	11 : 30경	• 초음파 검사 시행 = 좌측 후경골동맥의 혈류의 감소, 좌측 슬와동맥과 정맥의 혈류가 소통되지 않음 확인 • 왼쪽 다리에 이미 변색과 부종이 나타나고 분비물이 생겨 악취 발생함
	14 : 30경	• 초음파 검사 결과 설명하면서 더욱 정밀한 검사를 위해 혈관조영술을 받을 필요가 있다고 설명함
	16 : 34경	• 혈관조영술 의료장비가 갖추어진 F병원으로 이원되어 혈관조영술 시행
	18 : 00경	• D병원으로 복귀
	22 : 00경	• 혈관조영술 결과 판독 = 좌측 하퇴부 및 종아리 동맥의 혈류가 감소되고 좌측 슬와동맥이 폐쇄되었음을 확인함 = 혈관봉합술과 정맥이식술을 시행하기로 하고, 환자에게 괴사가 심할 경우에 수술의 실효성이 없으며 다리를 절단할 수 있다고 설명함
2006. 9. 30.	00 : 00경	• 수술동의 받고 금식 지시 • 환자가 금식 지시 위반하여 수술 시행 못함
	06 : 00경	• 다시 금식 지시
	11 : 00경	• 수술 시행 위해 수혈을 시작 • 체온 상승으로 수혈 중단
	15 : 20경	• 체온이 정상으로 되어 수혈 재개

날짜	시간	사건 개요
2006. 9. 30.		• 피고 E가 혈관봉합술과 정맥이식술을 시행하려 하였으나 부종과 괴사가 심해 수술 시행 못함
	16 : 20경	• 면담을 하여 좌측 하지절단술에 대한 수술동의 받고 이를 시행하기로 함
		• 환자가 좌측 하지절단술을 받지 않음
	20 : 50경	• 환자가 전원 요청함
	22 : 00경	• G병원 응급실에 내원
		• 좌측 원위요골 골절, 좌측 근위경골부 개방성골절 및 괴사성 근막염으로 진단
	23 : 40경	• 좌측 무릎 위 하지절단술 시행
2006. 10. 4.		• 추가로 세척술 및 변연절제술 시행

2. 법원의 판단

가. 피고 B의 진단 과실 여부: 법원 인정

(1) 법원 판단

의료진은 환자의 증상을 고려하여 신경손상 뿐만 아니라 혈관손상의 가능성을 의심하고 환자에게 그 가능성과 합병증 등에 대하여 설명한 다음 혈관손상을 확인할 수 있는 추가 검사를 하여 그 원인을 밝혀 신속한 치료를 하여야 함에도 신경손상으로 잘못 진단하여 환자에게 혈관손상 등에 대하여는 아무런 설명을 하지 아니한 채 진통제 등만 투여하고 전원을 요청할 때까지 추가 검사를 통한 신속하고도 효율적인 치료를 하지 아니한 과실로 환자가 혈관손상으로 인하여 2차적으로 발생한 괴사성 근막염에 의하여 좌측 무릎 위 하지를 절단하게 되었으므로 의료진의 과실을 인정한다.

나. 피고 E의 혈관조영술 및 수술의 지연 과실 여부: 법원 불인정

(1) 환자 측 주장

피고 E가 초진 시부터 혈관손상의 가능성을 의심하였음에도 내원 후 15시간이나 지난 다음 혈관조영술을 하였고 혈관조영술 결과를 판독하여 좌측 슬와동맥이 폐쇄되었음을 확인하였음에도 그로부터 다시 20시간이 지난 다음 혈관봉합술 및 정맥이식술을 시도하여 환자가 좌측 무릎 위 하지를 절단하게 되었다.

(2) 법원 판단

① 환자는 A병원에서 변연절제술 등을 시행 받은 다음 D병원으로 전원되어, 수술경과 등을 알지 못하는 피고 E로서는 혈관손상의 정확한 부위 및 정도를 확인할 필요가 있었던 점, ② 피고 E는 혈관조영술을 하기 전에 이학적 검사 및 초음파 검사 등을 하여 환자의 경과를 관찰하여 온 점, ③ D병원에는 혈관조영술 의료장비가 갖추어지지 않아 환자가 F병원으로 이원되어 혈관조영술을 받고 D병원으로 복귀하여야 했던 점, ④ 피고 E는 혈관조영술의 결과를 확인한 직후 환자에게 혈관봉합술과 정맥이식술에 대하여 설명하고 수술동의를 구였으나, 환자가 2시간이 지난 다음에야 수술동의를 한 점, ⑤ 환자가 수술을 위하여 금식할 것을 지시받고도 이를 위반하고, 체온의 상승으로 수혈을 중단하였다가 체온이 정상으로 된 다음 수혈을 재개하는 등으로 추가로 시간이 지체된 점, ⑥ 환자가 D병원 응급실에 내원할 당시 이미 괴사성 근막염이 상당히 진행되어 있어, 피고 E가 신속하게 검사 및 수술을 하였어도 환자의 좌측 무릎 위 하지를 절단할 수밖에 없었던 점 등을 고려하여 환자 측의 주장을 인정하지 않는다.

다. 피고 E의 설명의무 위반 여부: 법원 불인정

(1) 환자 측 주장

괴사성 근막염의 발생 가능성이나 혈관조영술 및 수술의 필요성에 대하여 설명하지 않았고 또한 금식시간을 지키지 아니한 채 수술을 받을 경우의 합병증에 대하여 설명하지 않아 금식시간을 지키도록 하여 신속하게 혈관조영술 및 수술을 받을 기회를 상실하게 한 과실이 있어 이로 인하여 환자가 좌측 무릎 위 하지를 절단하게 되었다.

(2) 법원 판단

피고 E가 혈관조영술 및 수술의 필요성 등에 대하여 설명하지 않았음을 인정할 만한 증거가 없고, 오히려 초진 시 환자에게 왼쪽 다리에 혈액손상의 가능성이 있고 신속하게 혈관을 이어주지 않을 경우에는 다리를 절단할 수 있다는 점, 초음파 검사의 결과를 설명하면서 더욱 정밀한 검사를 위하여 혈관조영술을 받을 필요가 있다는 점, 혈관조영술 결과를 판독한 다음에는 괴사가 심하면 수술의 실효성이 없으며 다리를 절단할 수 있다고 설명한 사실을 인정한다. 또한 피고 E는 금식시간을 지키지 않고 수술을 받을 경우의 합병증에 대하여 설명하지 않았다고 하더라도 그러한 사정만으로는 피고 E에게 설명의무의 위반이 있다고 볼 수 없어 환자의 주장을 인정하지 않는다.

3. 손해배상범위 및 책임제한

가. 의료인 측의 손해배상책임 범위: 40% 제한

나. 제한 이유

① 슬관절 부위의 손상과 동반된 슬와 동맥의 손상의 경우에 증상 및 증후가 분명하지 아니하여 조기진단이 쉽지 않은 점

② 환자가 좌측 슬와부 심부열상을 통하여 세균에 감염된 다음, 슬관절 부위의 골절상에 동반된 혈관손상으로 인하여 위 감염이 조절되지 않아 2차적으로 괴사성 근막염이 발생한 점

③ 괴사성 근막염은 발병 초기에는 피부 조직의 이상이 뚜렷하게 나타나지 않아 조기진단이 쉽지 아니한 점

④ 괴사성 근막염은 일단 발생하면 매우 급속하게 진행하여 피고 B가 추가 검사를 통하여 혈관손상을 진단하였다 하더라도 어느 정도의 후유증은 불가피하였을 것으로 보이는 점

다. 손해배상책임의 범위

(1) **청구금액**: 405,000,000원

(2) **인용금액**: 82,861,214원

　－ 총 64,861,214원: (148,265,469원 + 13,887,568원)×0.4

　　= 일실수입: 148,265,469원

　　= 보조구 구입비: 13,887,568원

- 위자료: 18,000,000원

4. 사건 원인 분석

환자는 좌측 원위부 요골 및 척골, 좌측 근위부 비골, 좌측 슬개골의 골절상 등으로 내원하였고 골절상에 대해서는 부목고정술을, 좌측 슬와부의 심부열상에 대해서는 변연절제술을 시행하였다. 이후 왼쪽 다리 통증이 심해졌고 의료진은 부목을 느슨하게 풀어주는 이외에 아무런 조치 취하지 않았다. 환자는 타병원으로 전원을 요청하였고 타병원에서 검사 시행 결과, 좌측 슬와동맥이 폐쇄되었음을 확인하였고 좌측 무릎 위 하지절단술을 시행하였다. 이 사건과 관련된 문제점 및 원인을 분석해본 결과는 다음과 같다.

첫째, 환자가 왼쪽 다리의 통증과 저린감을 지속적으로 호소하였음에도 부목을 느슨하게 풀어주는 이외에 원인을 찾으려는 노력을 하지 않았다. 호소 증상이 단지 통증과 저린감이었다면 신경문제를 의심할 수도 있으며, 슬관절 주변 손상 환자에서

〈표 16〉 원인분석

분석의 수준	질문	조사결과
왜 일어났는가? (사건이 일어났을 때의 과정 또는 활동)	전체 과정에서 그 단계는 무엇인가?	−수술 후 관리 단계(환자의 통증 호소에 대한 원인 규명의 노력 미흡) −수술 전 설명 단계(금식의 이유 및 필요성에 대한 설명과 혈관 손상의 가능성에 대한 설명 미흡)
가장 근접한 요인은 무엇이었는가? (인적 요인, 시스템 요인)	어떤 인적 요인이 결과에 관련 있는가?	• 환자 측 −금식 지시 위반 • 의료인 측 −수술 후 조치 미흡 −수술 전 설명 미흡
	시스템은 어떻게 결과에 영향을 끼쳤는가?	• 의료기관 내 −의료인 교육 미흡 −정밀 검사 시행을 위한 설비 등의 여건 미흡 • 법·제도 −정밀 검사 시행에 필요한 재정적 지원 부족

는 슬와동맥 손상 및 하지구획증후군을 항상 의심하여야 한다. 사건에서 슬와부 심부 열상에 대해 변연절제술을 시행했다는 것은 응급실에서의 처치로 보이며 가장 심부에 있는 슬와동맥의 상태에 대해서는 확인을 못 한 것으로 보인다. 감각신경과 운동신경 손상에 대한 신경검사와 동시에 맥박소실 여부, 부종 등의 신체검사 이외에도 혈관손상의 가능성을 의심하고 혈관조영술 등 추가 검사를 시행해야한다.

둘째, 환자 측 요인으로 금식 지시를 위반하여 수술을 하지 못한 것이 있다(표 16 참조).

5. 재발 방지 대책

원인별 재발방지 사항 제안은 〈그림 16〉과 같으며, 각 주체별 재발방지 대책은 아래와 같다.

〈그림 16〉 판례 16 원인별 재발방지 사항

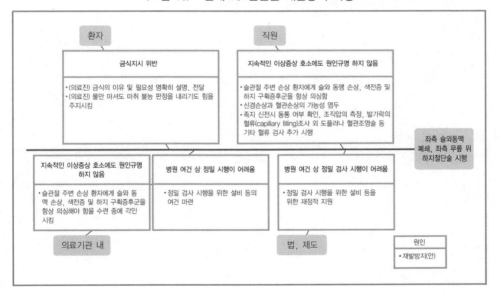

(1) 의료인의 행위에 대한 검토사항

수술 전 환자와 보호자에게 금식의 이유와 그 필요성에 대하여 명확히 설명과

권고를 하여 환자가 금식지시를 지킬 수 있도록 한다.

슬관절 주변이 손상된 환자에게는 항상 신경과 혈관의 손상 가능성을 염두해 두고 이상 증상을 호소한다면 하지 구획증후군을 의심하여야 한다. 이를 확진하기 위해 신전 시 동통 여부를 확인하고 조직압을 측정해야 하며 발가락의 혈류 조사 외 도플러나 혈관조영술 등 기타 혈류 검사를 시행하여야 한다.

(2) 의료기관의 운영체제에 관한 검토사항

의료인을 대상으로 수련 중에 슬관절 주변 손상 환자에게는 슬와동맥 손상, 색전증 및 하지구획증의 발생 가능성을 항상 염두할 수 있도록 각인시켜야 한다.

또한 환자에게 의심증상 발생 시 정밀 검사를 시행할 수 있는 장비 등의 여건을 마련하여야 한다.

(3) 국가·지방자치단체 차원의 검토사항

여건 상 정밀 검사 시행이 어려운 병원들을 위해 필요한 장비 등의 사용을 위한 재정적인 지원을 하여야 한다.

▌참고자료▐ 사건과 관련된 의학적 소견[6]

(1) 슬관절 골절

슬관절 부위는 위치상 외상에 노출되기 쉽고 일단 슬관절 부위에 심한 외력이 가해질 경우에 슬와동맥이 손상받기 쉬운 해부학적 취약성이 있다. 슬관절 부위의 손상과 동반된 슬와동맥의 손상빈도는 약 3% 정도로서 혈류순환장애에 대한 증상 및 증후가 분명하지 아니하여 조기진단에 실패하는 경우가 많으나, 그 예후가 극히 나쁘므로 정확한 조기진단과 적절한 치료가 요구된다. 슬관절 부위의 손상이 있을 경우에 슬와부의 주요 혈관 및 신경에 손상이 있을 수 있으므로 초진 시에 혈관손상의 증후가 없더라도 수일간 반복하여 검사하여야 한다.

(2) 괴사성 근막염

괴사성 근막염은 비교적 드문 연부조직의 감염성 질환으로 피부와 근육은 보존되지만 근막에서 빠르게 병소가 확산되면서 광범위하게 괴사가 일어나는 것이 특징이다. 괴사성 근막염의 발생 원인으로 다양한 원인균들이 알려져 있고 화상, 열상, 농양, 자발성 감염 등에 의하여 발생한다. 괴사성 근막염의 초기의 임상증상과 이학적 소견은 피부에 압통, 부종, 발적 등 대수롭지 아니한 국소부위의 봉와직염으로 나타나지만, 이어서 근막을 따라 급속하게 진행하면서 피부 변색이나 수포 형성, 감각 이상, 고열, 전신 독성 증상, 패혈성 쇼크, 의식혼돈 등이 나타날 수 있다. 발병 초기에는 피부 조직의 이상이 뚜렷하게 나타나지 아니하여 진단이 쉽지 아니하나 일단 발생하면 매우 급속하게 진행되므로 연부 조직의 감염증이 있을 경우에는 괴사성 근막염의 가능성에 대하여 의심을 하면서 접근하는 것이 중요하고, 진단시에는 병소의 광범위한 절제술, 고압산소치료, 전신항생제요법 및 피부 이식술 등이 필요하다.

---

6) 해당 내용은 판결문에 수록된 내용입니다.

판례 17. 수술 중 저산소증에 대한 조치 소홀로 결국 패혈증으로 인한 다발성 장기부전 등으로 사망한 사건_서울중앙지방법원 2008. 10. 15. 선고 2006가단262986 판결

1. 사건의 개요

교통사고로 상해를 입어 수술하던 중 저산소증에 대한 적절한 조치 소홀로 결국 저산소성 뇌손상, 패혈증으로 인한 다발성 장기부전으로 사망한 사건이다[서울중앙지방법원 2008. 10. 15. 선고 2006가단262986 판결]. 자세한 사건의 경과는 다음과 같다.

날짜	시간	사건 개요
2002. 7. 24.		• 교통사고를 당하여 우측 대퇴골 전자간 골절 등의 상해입음(환자 고령, 여자)
2002. 7. 26.		• 피고 병원 입원
2002. 7. 29.		• 우측 대퇴골에 대한 폐쇄적 정복술 및 압박 고나사 고정술 시행 = 수술 도중에 산소포화도가 측정되지 않는 상황이 발생하였다고 함
	16 : 03	• 회복실 도착 = 자가호흡은 있으나 얕고 불규칙함. 호흡 14회/분, 맥박 44회/분, 체온 34.6℃, 혈압 100/82, 산소포화도 측정되지 않음
	16 : 05	• 산소포화도 계속 측정되지 않음
	16 : 08	• 체온저하 회복을 위하여 보온기를 38℃로 따뜻하게 함
	16 : 13	• 산소포화도가 97%로 측정됨. 호흡양상은 얕고 불규칙하며 18회/분로 측정됨
	16 : 15	• 입술에 청색빛이 돌아 산소 공급을 10LPM으로 늘리자 곧 사라짐. 혈압은 잘 측정되지 않고, 산소포화도도 측정되지 않음
	16 : 16	• 자가호흡 얕고 측정하기 어려움
	16 : 17경	• 얼굴에 청색증이 전체적으로 나타나고 자가호흡이 측정되지 않음 = 의사가 Ambu-bagging 시행
	16 : 18	• 얼굴색이 돌아옴. 동공 4.5mm/4.5mm로 느리게 반응 보임
	16 : 23	• 아트로핀 주사

날짜	시간	사건 개요
2002. 7. 29.	16 : 25	• 아트로핀 주사
	16 : 28	• 심전도상 이상리듬이 발생하여 심장마사지 실시함
	16 : 30	• 심전도상 리듬이 정상으로 회복되고 맥박은 123회/분으로 측정되어 심장마사지 중지함
	16 : 33	• 리도카인 주사. NTG 정주 시작한 상태임
	16 : 35	• 맥박 120회/분, 혈압 98/72
	16 : 40	• 자가호흡 돌아옴, 호흡수 16회/분
	16 : 50	• T−피스로 5LPM 산소공급. 자가호흡 24회/분. 수혈 시작
	16 : 51	• 맥박 135회/분, 혈압 130/80, 산소포화도 100%
	17 : 10	• 동맥혈가스분석 시행 결과 = Ph 7.4(정상범위 7.42±0.4), PaCO2 18(39±7), PaO2 93 (91±17), HCO−3 14(25±4), 산소포화도 97%
	이후	• 의식 회복 못함
2002. 8. 14.		• 뇌 CT 촬영 시행
2002. 8. 30.		• MRI 촬영
		• 2002. 8. 14. 뇌 CT와 2002. 8. 30. MRI 결과 = 2002. 7. 29. 뇌 CT 결과와 비교하여, 뇌의 위축변화가 진행된 것이 발견되어 저산소성 뇌손상을 입었음을 확인
이후		• 계속하여 의식 회복 못함
2003. 7. 10.		• 패혈증으로 인한 다발성 장기부전 등으로 사망

2. 법원의 판단

가. 수술 중 저산소증에 대한 조치 과실 여부: 법원 인정

(1) 의료인 측 주장

환자에게 발생한 저산소성 뇌손상의 원인은 지방뇌색전과 지방폐색전인 바, 이러한 지방색전은 고령의 환자에 대한 고관절 골절 수술시의 가장 큰 부작용 중 하나로서 정상적인 시술을 하더라도 사전에 미리 막을 수 있는 것이 아니다.

(2) 법원 판단

법원은 환자가 고령으로 수술 도중부터 수술직후에 이르기까지 심한 서맥과 얕고 불규칙적인 호흡, 산소포화도의 측정불능 및 심각한 저체온 상태 등 이상증상을 보여 저산소성 기능장애의 발생가능성이 의심되었으므로, 피고 병원 의료진으로서는 이에 대하여 우선 고농도 산소를 인공호흡을 통하여 공급하고, 아트로핀을 투여하여 맥박을 정상으로 돌려놓은 다음 동맥혈 가스분석 등을 통하여 실제로 저산소증 상태인지를 파악하며, 그 원인을 찾아 교정하는 등의 조치를 취하여야 함에도 불구하고, 보온기를 설치하는 것 외에는 별 다른 조치를 취하지 않은 과실이 있다.

피고들이 주장하는 지방뇌색전 혹은 지방폐색전과 이로 인한 뇌손상은 폐에 대한 방사선 사진과 뇌 CT, MRI 및 심전도 검사 등을 통하여 이를 확인할 수 있는데, 피고 병원에서 환자가 입원한 1년 동안 시행한 검사들에서 이를 확인하였다는 점에 대한 아무런 입증을 하지 못하고 있으며 비록 사고 발생일로부터 1년 정도가 경과한 이후의 부검 결과이지만 환자에게서 폐색전의 흔적이 발견되지 않았고, 환자는 폐색전의 전형적인 증상인 빈맥과는 정반대인 서맥증상을 보인 점 등을 고려하면 환자에게 지방색전이 있었다고 할 수는 없어 피고들의 주장은 이유 없다.

3. 손해배상범위 및 책임제한

가. 일실수입 손해 인정 여부: 법원 불인정

환자와 원고들의 나이, 가족관계, 피고 병원 의료진의 과실의 정도 등을 고려하면 위자료로 환자에게 1,500만원, 원고들에게는 각 200만원으로 정함이 상당하다.

나. 손해배상책임의 범위

(1) 청구금액: 90,000,000원

(2) 인용금액: 27,000,000원(위자료)

4. 사건 원인 분석

환자는 교통사고로 우측 대퇴골 전자간 골절 등의 상해를 입어 우측 대퇴골에 대한 폐쇄적 정복술 및 압박 고나사 고정술을 시행하였으나 수술 중에 산소포화도가 측정되지 않는 상황이 발생하였고 수술 후에도 호흡이 얇고 불규칙하였으며 청색증과 HCO−3가 심하게 낮은 등 저산소증을 의심할만한 상황이 발생되었고 이에 대해 의료진은 산소공급을 늘리고 Ambu−bagging, 아트로핀을 주사하였으나 의식을 회복하지 못하였다. 뇌 CT와 MRI 검사 결과 뇌의 위축변화가 진행된 것이 발견되어 저산소성 뇌손상을 입은 것을 확인하였으며 결국 패혈증으로 인한 다발성 장기부전 등으로 사망하였다. 이 사건과 관련된 문제점 및 원인을 분석해본 결과는 다음과 같다.

의료진은 환자가 수술 중 산소포화도가 측정되지 않는 상황이 발생하였고 수술 직후 회복실에 도착하였을 시에도 호흡수와 맥박수가 낮고 체온이 낮음에도 수술 중과 수술 후에 적절한 조치를 취하지 않았다. 저산소증 등 마취 중 일어나는 모든 상황은 마취과의 담당이나, 고농도 산소를 공급하고 아트로핀투여로 맥박을 정상으로

〈표 17〉 원인분석

분석의 수준	질문	조사결과
왜 일어났는가? (사건이 일어났을 때의 과정 또는 활동)	전체 과정에서 그 단계는 무엇인가?	−수술 중, 후 환자 관리 단계(저산소증에 대한 예방 및 조치 미흡) −수술 전 설명 단계(고위험군에 대한 수술의 높은 위험에 대한 설명 미흡)
가장 근접한 요인은 무엇이었는가? (인적 요인, 시스템 요인)	어떤 인적 요인이 결과에 관련 있는가?	•의료인 측 −수술 중, 후 조치 미흡(저산소증에 대한 예방, 검사, 조치 미흡) −수술 전 설명 미흡(고위험군에 대한 수술의 높은 위험에 대한 설명 미흡)
	시스템은 어떻게 결과에 영향을 끼쳤는가?	•의료기관 내 −고위험군 환자 관리 및 설명에 대한 교육 미흡 •법·제도 −고위험군 환자에 알맞은 수술 방법에 대한 가이드라인 부재

돌려놓은 다음 동맥혈 가스분석 등을 통하여 저산소증 상태 여부를 파악하며, 그 원인을 찾아 교정하는 등의 조치를 취하여야 한다. 또한 저산소증을 일으킬 수 있는 지방색전 여부를 알기 위하여 chest CT나 brain CT 등의 정밀검사를 시행해야 한다.

또한 환자가 고령으로, 고위험군 환자인 점에 대해 왜 수술이 반드시 필요한 지를 환자와 보호자에게 설명하고 서약서를 받아야 하며, 수술 중에는 가능한 마취 시간과 실혈을 줄여야 한다(〈표 17〉 참조).

5. 재발 방지 대책

원인별 재발방지 사항 제안은 〈그림 17〉와 같으며, 각 주체별 재발방지 대책은 아래와 같다.

〈그림 17〉 판례 17 원인별 재발방지 사항

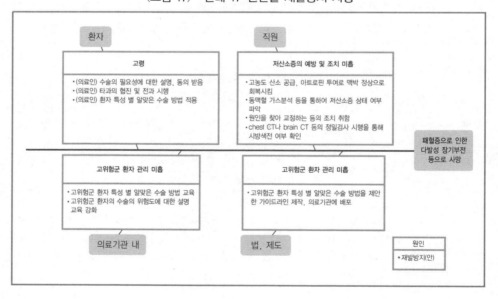

(1) 의료인의 행위에 대한 검토사항

고령 등의 고위험군 환자에 대한 수술을 시행할 경우, 고위험군임에도 수술이 반드시 필요한 이유에 대하여 설명하고 동의를 받아야 한다. 환자에게 이상 증상이 발생하였을 시에는 신속하게 타과의 협진을 시행하고 전과를 하여 적절한 처치를 받을 수 있도록 한다. 또한 환자의 특성에 맞는 알맞은 수술 방법을 적용하여야 한다.

마취로 인한 저산소증을 예방하기 위해서는 의심 증상 발생 시 고농도의 산소를 공급하고 아트로핀을 투여하여 맥박을 정상으로 회복시켜야 하고, 동맥혈 가스분석 등의 검사를 통하여 저산소증 상태 여부를 파악해야 한다. 또한 발생한 저산소증의 원인을 파악하여 교정해야 하며 정밀검사를 시행하여 지방색전 여부를 확인하여야 한다.

(2) 의료기관의 운영체제에 관한 검토사항

고위험군에 대한 수술의 합병증을 예방하기 위하여 환자에게 각각의 특성에 알맞은 수술 방법을 적용할 수 있도록 의료인을 교육하여야 한다. 또한 고위험군 환자에 대한 수술의 필요성과 위험도를 환자에게 자세히 설명하도록 의료인을 교육해야 한다.

(3) 학회 · 직능단체 차원의 검토사항

고위험군 환자를 분류하여 환자 특성 별 알맞은 수술 방법을 제안하는 가이드라인을 제작하고 각 의료기관에 배포하여 이를 활용할 수 있도록 한다.

┃참고자료┃ 사건과 관련된 의학적 소견[7]

　(1) 수술 후 환자의 의식이 회복되지 못하는 이유로는 과탄산혈증, 저산소혈증, 저혈압, 저혈당증, 전해질 불균형, 대사성 장애, 파악하지 못한 약물 혹은 마취제의 잔류효과, 저체온, 뇌손상 등을 들 수 있고, 이에 대하여는 심박출량과 산소화, 환기가 적절한지를 살피고, 대사성 장애의 여부를 판단한 후 필요에 따라 길항제 등을 투여하는 등의 조치를 취하여야 한다.

　(2) 정상인의 맥박수는 분당 80회 정도인바, 분당 60회를 하회하는 것을 서맥이라 하고, 그 중 분당 50회를 하회하는 것은 심한 서맥으로, 그 원인으로는 전해질 이상, 부교감신경 항진, 저체온증, 저산소증, 약물중독, 심근허혈 등이 있으며, 이에 대하여는 우선 아트로핀을 투여하고, 이후 원인을 찾아 이를 교정하여야 한다.

　(3) 산소포화도가 갑자기 잘 측정되지 않는 이유는 기계의 오작동을 제외하고는 출혈에 의하여 헤모글로빈이 아주 낮은 경우, 저체온증, 말초혈관의 저항 항진 등을 들 수 있고, 실제로 산소포화도가 낮은 상태가 계속될 경우 저산소증으로 인한 뇌손상을 암시하여 전신의 주요 장기에 기능저하에 따른 손상이 올 수 있기 때문에 그 확인을 위한 검사가 필요한 바, 동맥혈 가스분석이 가장 일반적이다.

　(4) 심폐소생술 이후 의식이 각성되지 못하는 이유는 뇌손상이 주된 원인이 되고, 뇌손상이 동반되지 않은 경우에는 반드시 의식이 돌아온다.

　(5) 의식이 회복되지 않은 장기입원환자의 경우 전신쇠약으로 면역력이 감소되어 적절한 항생제를 쓰고 있는 상황에서도 세균감염에 매우 취약하고, 만약 감염되었을 시에는 가벼운 감염에도 패혈증이 쉽게 올 수 있다.

---

7) 해당 내용은 판결문에 수록된 내용임.

판례 18. 인공관절 치환술 시행 후 뇌동맥류 파열 증상이 생겼음에도 응급조치 지연으로 식물인간 상태가 된 사건_인천지방법원 부천지원 2007. 11. 29. 선고 2007가합3833 판결

1. 사건의 개요

좌측 슬관절 퇴행성 관절염을 진단받고 3개월 후 수술을 시행한 뒤 뇌동맥류 증상이 나타났고, 이후 전원하여 두개 절제술과 우측 두엽 절제술, 혈종 제거술 및 동맥류 결찰술을 시행하였으나 결국 식물인간 상태가 된 사건이다[인천지방법원 부천지원 2007. 11. 29. 선고 2007가합3833 판결]. 자세한 사건의 경과는 다음과 같다.

날짜	시간	사건 개요
2005. 4. 28.		• 피고 병원에 내원 • 좌측 슬관절 퇴행성 관절염 진단 • 혈압 180/100mmHg = 혈압약인 '노바스크' 처방 • 헤모글로빈 수치 12.1mg/dl(정상수치 12mg/dl)
2005. 6. 1.		• 인공치환술을 시행하기로 하였다가 원고의 개인사정으로 연기함
2005. 7. 21.	16 : 00경	• 피고 병원 입원
2005. 7. 22.		• 혈압 200/100mmHg • 좌측 슬관절 인공관절 치환술 시행
	22 : 00경	• 속이 메스껍고 소화가 되지 않음 호소
2005. 7. 23.		• 헤모글로빈 수치 9.7mg/dl
2005. 7. 24.	09 : 00경	• 수술부위 통증 호소
2005. 7. 25.		• 물리치료 시행 = 물리치료 후 수술부위 및 그 아래 부분의 통증 호소
2005. 7. 26.		• 방사선 촬영 시행 = 수술부위의 근위경골에 골절이 있으나 이미 유합이 진행된 진구성 골절로 판단
2005. 7. 28. 까지		• 물리치료 시행

날짜	시간	사건 개요
2005. 7. 29.		• 혈액검사 시행 　= 헤모글로빈 수치 7.3mg/dl로 감소
	15 : 25경~	• 수혈 시행
	21 : 40경	• 화장실에서 용변 보던 중 두통 호소하며 쓰러짐 　= 간병인이 발견하여 간호사들이 환자를 침대에 옮김 • 당시 혈압 130/70mmHg, 맥박 120 • 두통, 구역감, 가슴불편감, 시야흐림 호소 　= 수혈 중단. 밀착 관찰함
	21 : 50경	• 혈압 200/180mmHg, 맥박 80 • 어지러움 및 가슴불편감은 감소. 시야흐림은 계속됨
	22 : 05경	• 혈압 140/90mmHg, 맥박 78로 의식 혼수상태, 좌측수부 운동이 약해짐. 자가방뇨 및 구토함 　= 혈당검사, 심전도 모니터링, 산소 5L/min 투여 및 배뇨관 삽입 시행
	22 : 10경	• 혈압 220/190mmHg, 맥박 72로 의식 혼수상태 • 간호사가 당직의에게 전화를 통해 상황보고 함
	22 : 20경	• 혈압 200/70mmHg, 맥박 62, 운동 및 감각이 거의 없는 상태 • 간호사들이 경구기도유지기구(oral airway)삽입 • 혈액검사 및 간기능 전해질 검사 시행
	22 : 25경	• 간호사가 구급차를 대기시키기 위해 원무과에 연락함
	22 : 27경	• 당직의가 간호사에게 전화로 스테로이드제(dexa) 정맥주사를 지시하여 주사함
	22 : 30경	• 구토하여 간호사가 당직의에게 전화로 혈압강하제 투여를 건의하였으나 그냥 관찰하자고만 함
	22 : 37경	• 혈압 210/110mmHg, 맥박 52 • 다시 구토하여 간호사들이 경구기도유지기구 제거, 석션 위해 수술실로 옮김
	22 : 40경	• 보호자가 병원에 도착하였으나 의사가 없어 직접 119에 전화하여 구급차를 부름
	22 : 45경	• 수술실에서 간호사들이 석션 시행 • 경구기도유지기구 재삽입. 산소 5L/min 투여

날짜	시간	사건 개요
2005. 7. 29.	22 : 55경	• 구급차 도착
		• 당직의 도착
		• 119 구급차에 실려 이송됨 • 이송되는 동안 구급대원이 기도유지 및 산소 4L/min 투여
	23 : 06경	• A병원 응급실로 후송됨 • 당시 혼수상태로 우측 중대뇌동맥류 파열로 인한 뇌지주막하 출혈과 우측 측두엽에 과량의 뇌출혈 및 극도의 뇌부종으로 인한 뇌탈출 소견이 확인됨 　= 기관삽관술에 의한 기도확보, 뇌압조절, 혈압조절 등의 응급처치 시행
		• 두개 절제술과 우측 두엽 절제술, 혈종 제거술 및 동맥류 결찰술 시행
현재		• 의식수준은 개안정도만 가능하고 급식은 경비관을 통해, 배뇨는 도뇨관을 통해 이루어지며, 욕창예방을 위해 수시로 체위변경이 필요하며, 기관지 절개술을 시행 받은 상태로 수시로 외부에서 흡입기로 객담을 제거해야하는 식물인간 상태임

2. 법원의 판단

가. 증상 및 통증 호소에도 만연히 물리치료만을 시행한 과실 여부: 법원 불인정

(1) 환자 측 주장

피고 병원 의료진은 좌측 슬관절 인공관절 치환술 시행 후 속이 메스껍고 소화가 안 되며 수술부위 등에 대한 통증을 호소하였음에도 만연히 물리치료만을 계속 시행하였다.

(2) 법원 판단

환자가 호소한 속이 메스꺼운 증상은 마취에서 깨어난 이후 통상적으로 있을 수 있는 것이고, 수술부위의 통증 역시 통상적으로 발생할 수 있으며, 피고 병원 의료진이 환자의 골절은 수술 전에 이미 유합된 것으로 판단한 것은 적절하여 환자에게 물리치료를 계속 실시한 것에 어떠한 잘못을 볼 수 없으므로 원고 측의 주장은 이유 없다.

나. 고혈압이 있음에도 뇌혈관질환을 의심하지 않은 과실 여부: 법원 불인정

(1) 환자 측 주장

2005. 4. 28. 내원 당시 환자의 혈압이 180/100mmHg이어서 혈압약을 처방하였고 수술 전 2005. 7. 22.에도 200/100mmHg로 환자에게 고혈압 증상이 있어 충분히 뇌혈관질환 등을 예상할 수 있어 뇌 CT나 MRI 등 검사를 통해 뇌동맥류를 발견해야 함에도 검사를 시행하지 않아 뇌동맥류파열을 발견하지 못하였다.

(2) 법원 판단

고혈압 증상이 있었다는 이유만으로 뇌동맥류와 같은 뇌혈관 질환을 예견해야 한다고는 볼 수 없고, 진료기록감정결과에 의하면 피고 병원 의료진이 환자의 뇌동맥류파열 전에 간과한 특별한 전구증상은 없었으며, 인공관절 치환술을 시행한 피고 병원 의료진에게 환자의 뇌동맥류파열을 예견하여 두부정밀검사 등을 시행하여야 할 의무가 있다고 보기 어려워 원고 측의 주장은 인정하지 않는다.

다. 헤모글로빈 수치 감소에도 출혈이 있음을 예견하지 못한 과실 여부: 법원 불인정

(1) 환자 측 주장

헤모글로빈 수치가 2005. 4. 28.에는 12.1mg/dl, 수술 다음날인 2005. 7. 23에는 9.7mg/dl, 200. 7. 29.에는 7.3mg/dl으로 계속하여 감소하였으므로 원고에게 출혈이 있음을 예견하고 추적검사를 해야 함에도 아무런 조치를 취하지 않아 2005. 7. 29. 이전에 이미 발생한 뇌출혈을 발견하지 못하였다.

(2) 법원 판단

헤모글로빈 수치가 수술 후에 환자의 주장과 같이 감소하였다면 환자에게 출혈이 있음을 예견하여 추적검사를 할 필요가 있으나, 기재된 변론만으로는 뇌동맥류파열로 쓰러진 2005. 7. 29. 이전에 이미 뇌출혈이 있었다고 단정할 수 없고, 나아가

추적검사를 하였더라도 환자의 뇌출혈을 발견할 수 있었다고 볼 수 없으며 이를 인정할 증거가 없어 원고 측의 주장은 인정하지 않는다.

라. 응급조치상의 과실 여부: 법원 인정

(1) 법원 판단

① 2005. 7. 29. 환자가 화장실에서 쓰러진 이후 두통, 구역감, 시야흐림, 정신상태 혼수, 좌측수부 운동 약화, 구토, 운동 및 감각 소실 등 뇌동맥류파열을 의심할 수 있는 증상이 나타났음에도 환자를 밀착 관찰한 간호사들이나 당직의는 뇌동맥류파열과 같은 뇌혈관질환이 있는 것으로 진단하거나 의심하지 않은 점, ② 당직의는 뇌동맥류파열 초기에 혈압조절 및 뇌압조절을 위한 약물치료와 함께 환자의 기도확보 및 저산소증 방지 등의 응급처치를 통하여 2차적인 뇌손상을 방지하여야 함에도 혈압강하제를 투여하자는 간호사들의 건의를 받아들이지 않았고 약 1시간 15분이 경과하고 나서 병원에 도착한 후에도 기관삽관술을 시행하거나 백 벨브 마스크에 의한 양압환기조치를 취하지 않은 점 등을 고려하여 피고 병원 의료진은 환자의 상태평가 및 진단. 처치의 선택과 실행 및 전원 시기와 그 방법 등의 과정에 있어 의학적으로 신속하고 적절한 조치를 취하지 않아 환자에게 이차적인 뇌손상을 초래하였음을 인정한다.

3. 손해배상범위 및 책임제한

가. 의료진 측의 손해배상책임 범위: 40% 제한

나. 제한 이유

(1) 대부분의 뇌동맥류는 파열되기 전에는 이를 예견할 수 있을 만한 특별한 증상이 없는 점

(2) 뇌동맥류 파열에 의한 지주막하 출혈은 환자의 1/3 정도는 현장에서 사망하고, 1/3 정도는 후송 중 또는 입원 중 사망하거나 상태가 나빠 수술을 받지 못하며, 나머지 1/3만이 수술을 받는 것으로 알려져 있는 매우 중대한 질환인 점

(3) 피고 병원의 응급처치 지연이 환자의 뇌손상에 어느 정도 기여하였는지를

정량적으로 확정하기는 어려운 점

다. 손해배상책임의 범위

(1) 청구금액: 267,601,368원

(2) 인용금액: 90,365,730원

 ‒ 총 70,365,730원: (29,875,604원 + 3,492,450원 + 73,002,506원 + 69,543,766원) × 40%

  = 향후치료비: 29,875,604원

  = 보조구 구입비: 3,492,450원

  = 개호비: 73,002,506원

  = 기왕치료비: 69,543,766원

 ‒ 위자료: 20,000,000원

4. 사건 원인 분석

환자는 좌측 슬관절 퇴행성 관절염 진단을 받고 인공관절 치환술 시행 예정이었으며 고혈압 증상이 있어 약을 처방받아 복용하였다. 약 3개월 후 수술을 시행하였고 시행 후 속이 메스껍고 수술부위의 통증을 호소하였으며 수술 후 7일 째 되는 날 헤모글로빈 수치가 감소하여 수혈을 받고 화장실에서 용변 보던 중 두통을 호소하며 쓰러졌다. 혈압이 상승하고 맥박은 감소하였으며 구역감, 시야흐림 등을 호소하였고 의식은 혼수상태가 되었으며 좌측 수부 운동이 약해지고 운동 및 감각이 소실되었다. 결국 전원하였고 전원당시 우측 중대뇌동맥류 파열로 뇌지주막하 출혈과 우측 측두엽에 과량의 뇌출혈 및 극도의 뇌부종으로 인한 뇌탈출 소견이 확인되었다. 응급처치 시행 후 두개 절제술과 우측 두엽 절제술, 혈종 제거술 및 동맥류 결찰술을 시행하였으나 현재 식물인간 상태이다. 이 사건과 관련된 문제점 및 원인을 분석해본 결과는 다음과 같다.

첫째, 환자에게 뇌동맥류 파열을 의심할 수 있는 증상이 나타났음에도 의료진은 단순히 수술 후에 통상적으로 나타나는 증상이라고 생각하여 이를 진단할 수 있는 검사를 시행하지 않아 진단과 처치가 늦어졌다고 본다. 또한 환자는 고혈압이 있는 고위험군 환자로, 의식의 소실이나 변화는 매우 긴장하고 신속히 대처해야 할 문제이므로 신속히 신경과나 신경외과 진료를 의뢰했어야 했다.

둘째, 환자가 2005. 9. 29. 21 : 40경 쓰러져 뇌동맥류 파열을 의심할 수 있는 증상이 나타났을 때 의사가 없었고 간호사가 처치하였으며 약 30분 후인 22 : 10경이 되서야 당직의에게 전화를 통하여 상황보고를 하였다. 그리고 혈압강하제 투여를 건의하였으나 그냥 관찰하고자 하였고, 22 : 55경 전원을 위하여 구급차가 도착할 때까지 당직의가 전화를 통해 지시하였을 뿐 현장에 의사가 없었다(〈표 18〉 참조).

〈표 18〉 원인분석

분석의 수준	질문	조사결과
왜 일어났는가? (사건이 일어났을 때의 과정 또는 활동)	전체 과정에서 그 단계는 무엇인가?	- 진단 및 환자 관리 단계
가장 근접한 요인은 무엇이었는가? (인적 요인, 시스템 요인)	어떤 인적 요인이 결과에 관련 있는가?	• 의료인 측 - 당직 보고 미흡(당직의에게 뒤늦게 환자상태 보고함) - 진단 지연(뇌동맥류 파열에 대한 대처 지연)
	시스템은 어떻게 결과에 영향을 끼쳤는가?	• 의료기관 내 - 당직 보고 체계 미흡

5. 재발 방지 대책

원인별 재발방지 사항 제안은 〈그림 18〉과 같으며, 각 주체별 재발방지 대책은 아래와 같다.

〈그림 18〉 판례 18 원인별 재발방지 사항

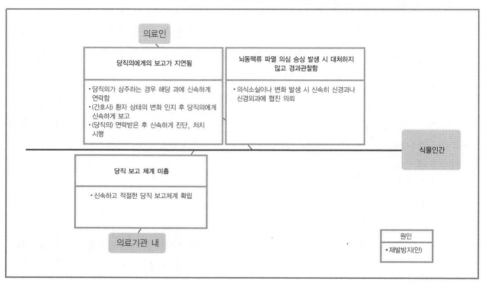

(1) 의료인의 행위에 대한 검토사항

당직의가 상주하는 경우 환자의 의심 증상 발생 시 관련 과목에 신속하게 연락하여 즉각적인 처치를 받을 수 있도록 한다. 간호사는 환자 상태의 변화를 인지 후 당직의에게 신속하게 보고하여야 하며, 보고를 받은 당직의는 환자의 상태를 신속하게 진단하고 그에 알맞은 처치를 시행하여야 한다.

환자에게 의식 소실이나 변화 발생 시 신속하게 신경과나 신경외과에 협진을 의뢰하여 적절한 전문적인 처치를 받을 수 있도록 한다.

(2) 의료기관의 운영체제에 관한 검토사항

야간 및 주말의 의료행위가 적절히 이루어질 수 있도록 신속하고 적절한 당직 보고체계를 확립한다.

┃참고자료┃ 사건과 관련된 의학적 소견[8]

(1) 뇌동맥류란 뇌혈관벽의 결손이나 손상으로 인해 혈관벽의 일부 또는 전부가 풍선처럼 부풀어 오른 것이고 이것이 터진 것을 뇌동맥류 파열이라 하는데 대부분의 동맥류는 파열되기 전까지는 증상이 없고, 파열된 동맥류는 뇌지주막하 출혈을 초래하며, 흡연과 고혈압이 의학적으로 연관성이 인정된 위험인자이다.

(2) 뇌동맥류 파열에 의한 지주막하 출혈 환자의 1/3 정도는 현장에서 사망하고, 1/3 정도는 후송 중 또는 입원 중 사망하거나 상태가 나빠져 수술을 받지도 못하며, 나머지 1/3만이 수술을 받는 것으로 알려져 있다.

(3) 뇌동맥류 파열의 증상은 평생 처음 겪는 극심한 두통과 오심, 구토, 경련, 의식저하를 동반하고 편마비, 감각저하, 시야장애 등이 나타나고, 뇌 CT 또는 뇌 MRI 검사를 통해 진단한다.

(4) 뇌동맥류 파열이 확인되면 우선적으로 개두 결찰술이나 코일 색전술을 시행하여 재출혈을 방지하여야 하고, 아울러 파열 초기에 수술 전 약물에 의한 내과적인 치료로서 혈압조절, 뇌압조절 및 기도확보, 저산소증 방지 등의 응급처치를 통한 이차적인 뇌손상 방지가 중요하고, 만약 응급처치가 미흡할 경우 이차적인 뇌손상을 유발하여 비가역적인 손상을 초래할 수 있다.

(5) 뇌동맥류가 파열된 환자가 의식을 잃고 혼수상태에 빠져 스스로 정상적 기도 유지를 못하는 상태에서는 기관삽관술을 시행하거나 적극적으로 백 벨브 마스크에 의한 양압 환기가 필요한데 이러한 응급처치가 지연되면 저산소성 뇌손상 등으로 이차적인 뇌손상이 발생할 가능성이 있다.

---

8) 해당 내용은 판결문에 수록된 내용임.

제5장

전원 및 기타 판례

판례 19. 급성 뇌경색 환자를 전원조치 지연으로 좌측 반신 부전마비의 영구적 장해를 갖게 된 사건_서울서부지방법원 2008. 5. 8. 선고 2006가단 57561 판결

1. 사건의 개요

급성 뇌경색과 경추간 수핵탈출증으로 진단받아 타병원으로 전원하는 과정에서 해당 전문의 진료의 부재로 지연되어 결국 좌측 반신 부전마비의 영구적 장해를 갖게 된 사건이다[서울서부지방법원 2008. 5. 8. 선고 2006가단 57561 판결]. 자세한 사건의 경과는 다음과 같다.

날짜	시간	사건 개요
2005. 6. 28.	09 : 00경	• 평소 무릎 질환 관련하여 장기간 물리치료 받아옴 • 평소와 달리 어깨와 다리가 좌측으로 쏠리는 듯한 증상이 있어 피고 의원 내원(환자 나이, 성별 미상)
		• 왼쪽 상하지 근력 약화 및 걸음걸이 이상 확인 　= 경추척수증이나 뇌혈관질환이 의심된다고 판단하여 원고에게 자기공명영상(MRI) 검사를 받을 것을 지시. MRI 사진을 가지고 다시 내원하도록 함
		• A의원에서 목과 머리 부분에 대한 MRI 검사 시행

날짜	시간	사건 개요
2005. 6. 28.		= 우측 연수부의 급성 뇌경색과 경추간 수핵탈출증 진단 • A의원의 진료의뢰서와 MRI 사진을 가지고 다시 피고 의원에 내원
		• 피고가 원고가 가지고 온 MRI 사진과 진료의뢰서 검토 = 내원 당시 증상이 경추척수증 또는 급성 뇌경색 중 어느 하나 가 원인임을 판단
		• 신속한 검사와 치료를 위하여 근처 B병원으로 가겠다는 원고에게 복잡한 B병원보다 C병원으로의 전원 권유 • C병원의 정형외과 전문의 D교수 앞으로 정형외과와 신경과의 협 진이 필요하다는 내용의 진료의뢰서를 작성하여 원고에게 교부
		• 피고는 당일(6. 28.)에 D교수의 진료가 없음을 확인하고 원고의 증상이 응급을 요하는 것은 아니라는 이유로 원고에게 다음날 D 교수를 찾아가도록 함
2005. 6. 29.	오전	• C병원의 D교수 찾아감
		• D교수는 원고의 증상과 진료의뢰서를 보자 즉시 신경과 진료 시행 = 검사 결과 뇌경색으로 인한 마비의 정도 4등급 {grade 4(+)}
2005. 7. 20. 경까지 (22일 동안)		• 우측 외측 연수 및 경추 척수 경색, 편마비 및 뇌경색으로 입원치 료 시행
		• 퇴원 시 뇌경색으로 인한 마비의 정도 4등급 {grade 4(+)}
퇴원 후		• E병원에서 재활치료 시행
현재		• 뇌경색으로 좌측 반신 부전마비의 영구적 장해 • 뇌경색으로 인한 마비의 정도 4등급 {grade 4(+)}

2. 법원의 판단

가. 전원 조치 지연 과실 여부: 법원 인정(인과관계는 불인정)

(1) 환자 측 주장

환자는 2005. 6. 28. 아침 기상 후 평소와 달리 어깨와 다리가 좌측으로 쏠리는 듯한 증상이 있어 피고 의원을 찾게 되었고, 의사의 진단에 따라 실시된 MRI 검사 결과 환자의 증상이 신속한 응급조치를 필요한 뇌경색(그 경중을 막론하고)으로 인한 것임을 알게 된 피고로서는 환자를 신속히 뇌혈관질환을 처치할 수 있는 의료시설로 전원시키거나 후송시키는 조치를 취하였어야 함에도 당일 자신이 진료 의뢰할 C병원의 정형외과 전문의사의 진료가 없다는 이유로 환자에게 하룻밤을 집에서 보내고 다음날에야 C병원에 가도록 하여 환자에게 신속한 치료를 받을 기회를 상실하게 한 과실이 있다고 주장한다.

(2) 법원 판단

경미한 뇌경색의 경우라도 전문의사에 의한 신속한 진단과 치료가 필요한 점, 피고는 환자의 내원 당일인 2005. 6. 28. 원고의 좌측 상하지 근력 약화 증세 등이 MRI 검사 결과 우측 연수부의 급성 뇌경색 또는 경추간 수핵탈출증이 그 원인이라고 판단하여 이에 대한 보다 신속한 검사 및 치료를 위하여 환자에게 C병원을 추천하고, C병원의 정형외과 전문의 D교수에 대한 진료의뢰서까지 작성하여 주었음에도 당일 D교수의 진료가 없다는 점을 확인 후 별다른 근거 없이 환자의 증상이 응급을 요하지는 않는다는 이유로 환자에게 다음날 C병원에 가도록 지시한 점 등을 보면, 피고에게 신속한 진단과 뇌경색 악화 또는 재발을 막기 위한 치료가 필요한 신속한 전원조치를 취하지 않은 과실이 있다고 인정한다.

그러나 ① 환자의 좌측 팔다리의 위약 증상은 2005. 6. 27. 저녁 무렵에 처음 발현된 것으로 보이는데 (환자는 증상이 6. 28. 아침에 기상한 직후에 나타났다고 주장하나, 환자에 대한 문진에 의해 작성된 2005. 6. 29. C병원의 외래의무기록지에는 환자의 증상이 같은 해 6. 27. 저녁에 처음 발현된 것으로 기재되어 있어, 환자의 이 부분 주장은 받아들이지 않음) 위 증상은 뇌경색으로 인한 것이며 환자는 위와 같은 증상이 나타난 지 10시간가량 지난 후인 2005. 6. 28. 오전에 피고 의원에 내원하여 피고의 권유에 따른 MRI 검사

결과 위 증상이 급성 뇌경색에 의한 것임을 알게 된 점, ② 2005. 6. 29. C병원의 검사 결과 환자의 위 뇌경색으로 인한 마비의 정도가 4등급{grade 4(+)}으로 정상인 5등급의 바로 아래로 경미한 마비에 해당하고, 환자의 뇌경색으로 인한 마비 정도는 위 병원 퇴원 시와 현재에도 같은 등급인 점, ③ 환자의 뇌경색 증상이 2005. 6. 28. 아침에서야 최초 발현된 것이라고 보더라도 환자의 4등급의 마비는 경미한 뇌경색으로 인한 것으로 이 경우에는 발현 후 3시간 이내에 신속한 처치가 필요한 혈전용해제(정맥 내 tPA 주사요법) 치료 대상이 아닌 점 등을 고려하면, 뇌경색 증상이 발현한 후 10시간가량 경과하여 피고 의원을 찾아온 환자에 대하여 피고가 그 즉시 뇌경색 치료에 적절한 병원으로 전원 조치를 취하였어도 현재 환자가 입은 위 뇌경색으로 인한 장해를 막을 수는 없었다고 보며, 피고의 위와 같은 과실로 인하여 치료가 늦어져 환자의 뇌경색이 악화되었다고 인정할 증거가 부족하여 피고의 과실과 환자의 신체 장해 사이의 인과관계는 인정하지 않는다.

3. 손해배상범위 및 책임제한

가. 일실수입 손해 인정 여부: 법원 불인정

나. 위자료: 법원 인정

ㅇ 피고의 과실로 환자는 위와 같은 급성 뇌경색에 관하여 신속하게 전문의사로부터 진단과 치료를 받을 시기를 지체하게 되었고, 피고의 주의의무 위반 정도, 원고의 나이 및 현재의 건강 상태 등을 고려하여 위자료로 500만 원을 지급할 것을 인정한다.

다. 손해배상책임의 범위

(1) 청구금액: 72,853,114원

(2) 인용금액: 5,000,000원(위자료)

4. 사건 원인 분석

환자는 평소와 달리 어깨와 다리가 좌측으로 쏠리는 듯한 증상이 있어서 병원에 내원하여 MRI를 촬영한 결과 우측 연수부의 급성 뇌경색과 경추간 수핵탈출증으로 진단받아 신속한 검사와 치료를 위한 타 병원으로의 전원을 위해 의료진이 진료의료서를 작성하여 교부하였지만 당일 해당 전문의의 진료가 없었고 환자의 증상이 응급을 요하는 증상이 아니라는 이유로 다음날 찾아가도록 하였다. 다음날 해당 병원에서의 검사 결과 뇌경색으로 인한 마비의 정도는 4등급이었고 입원 치료 시행하였지만 뇌경색으로 좌측 반신 부전마비의 영구적 장해를 입었고 현재에도 뇌경색으로 인한 마비의 정도는 4등급이다. 이 사건과 관련된 문제점 및 원인을 분석해본 결과는 다음과 같다.

첫째, 환자가 증상이 발현한지 10시간가량이 지난 후에 내원하였으나 피고는 환자의 증상이 발현한지 10시간가량이 지난 것을 알지 못하였고 환자의 증상이 응급을 요하지 않는다고 판단하여 하루 늦게 타 병원 의료진을 찾아가도록 하였다. 이에 대하여 뇌경색의 진단과 조치는 신경과 혹은 신경외과에서 전문적으로 다루기 때문에 정형외과를 포함한 타과의 경우 이러한 문제가 의심되는 경우 굳이 정형외과 전문의

〈표 19〉 원인분석

분석의 수준	질문	조사결과
왜 일어났는가? (사건이 일어났을 때의 과정 또는 활동)	전체 과정에서 그 단계는 무엇인가?	－ 전원 및 협진 단계(신속한 조치가 필요함에도 타병원의 해당 전문의가 없어 다음날 찾아가도록 함)
가장 근접한 요인은 무엇이었는가? (인적 요인, 시스템 요인)	어떤 인적 요인이 결과에 관련 있는가?	• 의료인 측 － 진단 및 전원 미흡(환자의 증상이 발현한지 오랜 시간이 지났음에도 응급을 요하지 않는다고 판단함)
	시스템은 어떻게 결과에 영향을 끼쳤는가?	• 의료기관 내 － 전원 및 협진 미흡 • 법·제도 － 전원 및 협진에 대한 의료인 교육 미흡

의 진료를 기다리지 말고 즉시 신경과 및 신경외과로 의뢰하여야 한다(〈표 19〉 참조).

5. 재발 방지 대책

원인별 재발방지 사항 제안은 〈그림 19〉과 같으며, 각 주체별 재발방지 대책은 아래와 같다.

〈그림 19〉 판례 19 원인별 재발방지 사항

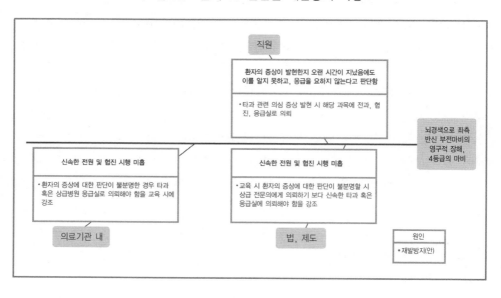

(1) 의료인의 행위에 대한 검토사항

환자에게 다른 과에 관련된 의심 증상이 발생할 경우 같은 과의 상급 전문의에게 의뢰하기 보다는 증상과 관련된 과목에 신속하게 전과, 협진을 의뢰하거나 응급실로 의뢰하여야 한다.

(2) 의료기관의 운영체제에 관한 검토사항

환자의 증상에 대해 판단이 불분명할 경우 증상과 관련된 과목 혹은 상급병원 응급실로 의뢰해야 함을 의료인 교육 시에 강조하여야 한다.

(3) 학회·직능단체 차원의 검토사항

환자의 증상에 대한 판단이 불분명할 시 상급 전문의에게 의뢰하기보다 타과 혹은 응급실에 신속하게 의뢰해야 함을 강조하여 교육하여야 한다.

▌참고자료 ▌ 사건과 관련된 의학적 소견[1]

○ 뇌경색

뇌경색은 뇌졸중의 한 유형으로 뇌혈관이 막혀서 뇌가 혈액과 산소 공급을 받지 못하여 편측의 운동마비 등의 갑작스런 신경학적 증상이 나타나는 것을 말하며, 경미한 뇌경색의 경우에도 그 재발이나 악화를 예방하기 위하여 신속한 뇌졸중 전문의사가 있는 병원으로의 전원이 필요하다.

---

1) 해당 내용은 판결문에 수록된 내용임.

판례 20. 교통사고로 대퇴골 및 손가락 관절수술 후 운동제한과 인대 손상을 겪게 된 사건_대법원 2006. 8. 25. 선고 2006다 20580 판결

1. 사건의 개요

교통사고로 우측 대퇴골 경부골절 등으로 진단받은 후 우측 대퇴골 수술 및 우측 무지 중수−수지관절 수술을 받았으나 우측 무지 기저관절에 인대손상이 생기고 대퇴골두 무혈성 괴사로 인공관절 치환수술을 받았음에도 결국 운동제한을 갖게 된 사건이다[춘천지방법원 강릉지원 2004. 6. 17. 선고 2001가합1235 판결, 서울고등법원 2006. 2. 16. 선고 2004나47484 판결, 대법원 2006. 8. 25. 선고 2006다20580 판결]. 이 사건의 자세한 경과는 다음과 같다.

날짜	시간	사건 개요
1998. 7. 18.	22 : 10경	• 교통사고를 당하여 피고병원에 내원, 피고는 우측 대퇴골 경부골절 등으로 진단(환자 남자, 1981. 9. 5.생, 사고 당시 17세)
1998. 7. 19.	13 : 00경	• 관혈적 정복 및 금속나사 및 금속판 고정술 시행 • 수술 후 지속적으로 수술부위인 고관절에 열이 심하게 나고 통증이 있음을 호소하여 수술부위에 대하여 4차례에 걸쳐 X−선 검사 시행 = 방사선 사진 상 뼈의 정복 상태가 잘 유지되고 있다고 진단
1998. 7. 20.경		• 우수지에 대한 통증을 호소
1998. 7. 25.~ 1998. 8. 7.		• 우수지에 대한 석고고정술을 받았으나 증상의 호전이 없었음
1998. 8. 7.		• 환자의 우측 무지 중수−수지관절(엄지손가락 끝에서 둘째 마디) 내측 부분의 인대에 재건술 시행
1998. 8. 17.		• 석고고정 시행. 석고 해체하여 환자의 상태 확인 결과 통증이 계속됨
1998. 8. 24.~ 1998. 10. 14.		• 석고고정 시행 • 치료로 인해 우측 고관절 인공관절 상태 및 운동제한과 우측 무지 중수지절 관절 운동제한의 후유증 남음

날짜	시간	사건 개요
1998. 11. 19.		• 수술 부위의 상태를 확인하기 위하여 강릉 A병원에 직접 방문하여 X-선 및 골주사(Bone Scan) 검사 시행 결과 　= 수술 부위에 뼈가 잘 붙지 않아 무혈성 괴사가 진행되고 있다는 진단 • 위 사실을 피고에게 고지한 후 피고병원에서 퇴원 • 피고는 환자로 하여금 소아정형외과 학회장인 서울 B병원에서 C에게 특진을 받을 수 있도록 소견서를 작성하여 주어, 환자는 C에게 진료를 받은 결과 무혈성괴사가 진행되고 있다는 진단을 받고, 서울 B병원에서 치료를 받으려 하였으나, 병실 부족으로 입원을 거절당함
1998. 11. 20.		• 서울 D병원에 내원하여 진찰을 받은 결과 　= 우측 고관절 후외상성 대퇴골두 무혈성괴사 및 이에 따른 연골용해증으로 연골이 85% 이상 손상되어 있다는 진단 받음 • 물리치료 등을 받고 있던 중 피고병원에서 치료를 마무리하자고 피고가 권유
1998. 12. 10.		• 퇴원. 피고병원에 재입원 　= 치료 계속하였으나 환자가 원하는 대로 치료가 진행되지 않음
1999. 4. 7.		• 피고병원에서 다시 퇴원. 서울 D병원에 재입원
1999. 4. 9.		• 서울 D병원에서 우측고관절 인공관절 전치환술 받음
현재		• 교통사고로 인하여 손상된 인대는 우측 무지 기저관절(손가락 끝에서 셋째 마디) 내측 부분의 인대로 밝혀졌고, 위 인대손상으로 인하여 우측 무지 기저관절이 아탈구되어 운동제한이 있으며, 대퇴골두 무혈성 괴사로 인하여 인공관절로 치환한 우측 고관절 부위도 운동제한이 있는 상태임

2. 법원의 판단 요지

가. 대퇴골 수술과정의 과실 여부: 법원 불인정(제1심) → 불인정(항소심) → 불인정(상고심)

(1) 환자 측 주장

대퇴골 골절 무혈성 괴사와 연골용해증 등의 증상이 나타나게 된 것은 병원 측이 환자에 대하여 관혈적 정복 및 금속판나사 고정술을 시행하는 과정에서 부정확한 정복 내지 금속 삽입 시 잘못으로 대퇴경부로 주행하는 상지대 동맥을 손상시킨 시술상의 과오로 인한 것이다.

(2) 법원 판단

무혈성괴사의 발생이 수술의 정복과정에 있어서 과도한 회전, 금속나사 삽입 시 대퇴골두가 회전되거나 금속정이 경부 상후방에 놓이게 되어서 발생하는 경우는 아직 의학계에 보고된 바가 없고, 상지대동맥 손상이 무혈성괴사의 원인이 될 수 있지만 수술시 상지대동맥에 손상을 가하는 경우는 거의 없으며, 상지대동맥은 관절낭에 위치하고 경부 외부로 진행하므로 수술로서 그 자체가 손상을 받았다고 보기 어렵다는 점 등을 보아 의사가 관혈적 정복 및 금속판 및 나사 고정술을 시행하는 과정에서 시술상의 과오를 범하여 환자에게 무혈성 괴사 및 이로 인한 연골용해증이 초래되었다고 보기는 어렵다. 오히려 무혈성 괴사 등의 후유증은 골절 당시의 혈관 손상으로 인하여 발생한 것으로 추단되어 환자 측의 주장은 이유 없다.

나. 대퇴골 수술 전후의 치료행위의 과실 여부: 법원 불인정(제1심) → 불인정(항소심) → 불인정(상고심)

(1) 환자 측 주장

대퇴골 경부 골절 환자의 경우, 외상으로 인해 대퇴골두의 혈액을 공급하는 혈관의 손상으로 혈액 공급이 차단될 위험성이 있고, 그 결과 대퇴골두의 무혈성 괴사가 발생할 가능성이 있으므로, 이러한 사실을 잘 알고 있는 정형외과 의사인 피고는 이를 방지하기 위하여 수술 전후 환자에 대하여 지속적이고 주기적인 임상관찰 등을 통하여 혈관의 손상유무를 확인한 후 그에 따른 적절한 치료를 하여야 한다. 만약 피고병원에 무혈성 괴사의 발병사실을 정확하게 진단할 수 있는 의료장비가 갖추어져 있지 않다면 그러한 의료장비가 설치된 의료기관으로 환자를 전원하여 적절한 검사와 진료를 받도록 할 의무가 있음에도 불구하고 이를 게을리 하여 원고로 하여금 무혈성 괴사 및 이로 인한 연골용해증의 진행이 심화되도록 방치한 과실이 있다.

(2) 법원 판단

대퇴골 경부 골절에 따른 무혈성 괴사의 발생율은 약 30%에 이르고, 조기발견시 치료방법으로는 전기자극, 중심감압술 등이 있으나 이에 따른 재발방지율은 20%~90%로서 치료술 및 환자의 상태에 따라 현저히 차이가 난다. 대퇴부 경부 골절시 괴사가 오는지 여부는 반드시 검사를 통해 알 수 있는 건 아니고, 일반적으로 수술 후 골절 유합만을 확인하고 몇 달을 기다린 후 환자의 통증 호소 등 상태에 따라 괴사 유무를 검사하는 것이 통례이다. 이 사건의 경우 수술 후 환자의 통증 호소에 따라 4차례에 걸쳐서 방사선(X-ray) 검사를 하였으나 마지막 검사인 1998. 11. 13. 검사에 이르러서야 무혈성 괴사 의증이 발견되었다. 무혈성 괴사 유무의 검사방법으로는 이학적 검사(신체검사), 주기적 방사선(X-ray) 검사, MRI 검사, 골주사(Bone Scan) 검사 등이 있으나 조기에는 방사선 사진 상으로는 괴사 유무를 전혀 발견할 수 없으며, 대퇴경부 골절 환자의 경우 무혈성 괴사의 특별한 예방법은 없으며, 골절 후 조기 정복 및 견고한 내고정과 관절내압감압술이 일정 부분 무혈성 괴사의 발생 억제에 도움이 될 뿐이다. 이를 종합해보면, 의사의 치료행위는 수술 전후의 환자의 상태 등을 고려하여 전문의학적 입장에서 판단하여 적절히 이루어진 것으로 보아, 의사에게 환자의 무혈성 괴사 조기 진단을 위하여 정확히 진단할 수 있는 의료장비가 설치된 의료기관에 전원하여야 할 의무가 있거나 의사가 환자의 무혈성 괴사 진단을 지체하여 그 증상을 악화시켰다고 판단되지는 않아 환자의 주장은 이유 없다.

다. 수지 수술상의 과실 여부: 법원 불인정(제1심) → 인정(항소심) → 원심 판결 파기(상고심)

(1) 환자 측 주장

환자가 여러차례 우수지의 통증을 호소했음에도 불구하고 의사는 이에 대한 진료를 태만히 하였고, 최초 통증 호소 후 10여 일이 지난 후인 1998. 8. 7.에 이르러서야 비로소 우수지에 대하여 측부 인대 재건술을 시행하였으나, 그 수술도 우수지의 이상이 있는 부위에 한 것이 아니라 전혀 다른 부위에 하는 잘못을 하여 우수지 탈구는 계속되고 있어, 현재는 우수지의 인대가 모두 굳어져 수술을 할 수도 없는 지경에 이르렀다(제1심).

(2) 법원 판단

○ 의사는 환자의 통증호소에 따라 우수부 방사선 촬영(1998. 7. 24)과 함께 석고 부목을 착용시켰고, 그 후 우수 무지 스트레스 테스트(1998. 7. 29)와 무지 측부 인대 봉합술(1998. 8. 7)을 시행하였다. 일반적으로 인대 파열시 그 정도를 파악하여 완전 파열 등 그 정도가 심하지 아니하면 약 3주간 석고외고정을 하고 이후 물리치료 후 재건술 여부를 결정하는바 의학적으로 피고의 시술은 타당한 것으로 판단된다. 환자에게 현재 우측 무지 중수지절 관절 부분운동제한의 장애가 있으나 이는 영구적인 것이 아니라 일정기간이 경과한 후에는 개선될 것으로 판단되므로 우수지에 대한 이러한 치료 및 수술은 적절하였던 것으로 보인다.

한편 위 의사의 수술이 환자 우수지의 이상이 있는 부위에 대하여 한 것이 아니라 전혀 다른 부위에 대하여 하는 잘못을 저질러 환자의 우수지 탈구는 계속되고 있고, 현재 우수지의 인대가 모두 굳어져 수술을 할 수도 없는 지경에 이르렀다는 환자의 주장은 이를 인정할 증거가 없다(제1심).

○ 의사는 환자의 인대가 손상된 부위를 정확히 진단하여 손상된 인대의 재건술을 시행하여야 함에도 이를 게을리 한 채 실제 손상부위인 우측 무지 기저관절(손가락 끝에서 셋째 마디) 부분의 인대의 재건술은 시행하지 않고, 다른 부위인 우측 무지 중수 수지관절(엄지손가락 끝에서 둘째 마디)부분의 인대에 대하여 재건술을 시행한 과실로 환자가 우측 무지 기저관절이 아탈구되어 운동제한이 있는 등 손해를 입었음을 인정한다(항소심).

○ 원심에서는 환자가 상당한 기간 내에 재수술을 받았더라면 위 관절 부분의 운동제한이 제거될 수 있었는지, 만약 운동제한이 남는다면 그것이 당초의 교통사고로 인한 것인지 아니면 수술지연으로 인한 것인지, 처음부터 제때에 정상적인 수술을 받았을 경우와 동일한 결과를 기대할 수 있으려면 어느 정도의 기간 내에 재수술이 이루어졌어야 하는지 등에 관하여 더 심리해 본 후 피고들의 귀책사유로 인한 손해

의 범위를 판단하였어야 한다.

환자가 수술이 잘못된 것을 안 때는 1998. 11. 내지 12.경이고, 우측 무지 기저 관절의 운동장애는 재수술을 받으면 개선될 수 있는 것임에도 환자가 현재까지 재수술을 받지 않고 있고 일실수입 손해는 환자가 재수술을 받는데 필요한 상당한 기간이라고 여겨지는 약 5년이 지난 후의 기간에 대한 것으로서 의사들의 귀책사유에 의한 손해가 아니라고 판단하였지만 그 후의 기간에 대한 일실수입 손해 전부가 환자의 귀책사유로 인한 손해라고 할 수 없다.

원심은 환자가 재수술을 받으면 장애가 개선될 가능성이 있는데도 상당한 기간 내에 재수술을 받지 않았다는 이유만으로 그 기간 경과 후의 일실수입 손해 전부를 의사들의 귀책사유로 인한 손해가 아니라고 하였다. 원심판결에는 불법행위로 인한 손해배상책임의 범위에 관한 법리를 오해하고 심리를 다하지 않아 판결 결과에 영향을 미친 위법이 있다. 이러한 사유로 이 부분 원심판결을 파기하는 이상, 이와 관련된 위자료 부분도 원심이 그 액수 산정의 참작사유로 삼은 제반 사정이 그대로 유지될 수 없게 되므로 파기한다(상고심).

라. 설명의무 위반 여부: 법원 인정(제1심) → 불인정(항소심) → 불인정(상고심)

(1) 환자 측 주장

이 사건 의무기록상 환자는 위 수술에 대하여 동의를 해 준 기록은 있으나, 그것은 환자나 보호자가 피고로부터 환자를 진단한 상태, 시행하는 의료행위와 수단, 의료행위에 부수되는 위험성, 합병증 및 후유증, 위 수술에 대한 시행방법, 부작용 및 수술 후 치료방법 등에 대한 설명을 구체적으로 들은 바 없이 수술을 하면 아무런 이상이 없고 곧 나아질 수 있다는 장담과 수술을 빨리 하라는 강요를 받고 어쩔 수 없이 수술에 동의한 것인바, 의사는 환자 측에설명의무를 소홀히 한 과실이 있다.

(2) 법원 판단

○ 환자는 1998. 7. 18. 22 : 10경 피고병원에 내원하여 의사로부터 최초 진료를 받은 후, 그 다음날 13 : 00경에 이르러서야 이 사건 관혈적 정복술 등의 수술을 받았다. 위 수술 전 당시 환자의 법정대리인이 환자의 상태가 몹시 걱정되어 주치의에게 문의하였으나, 의사는 환자의 우측 경부 부위가 골절이 되어 있으나 그 밖에 별 다른

이상은 없고, 골절된 부위도 뼈에 핀으로 고정하는 수술을 하면 아무 이상이 없을 것이며, 수술 후 약 6주 정도 지나면 퇴원을 하여도 괜찮다는 설명만을 들은 후, 간호사실에서 간호사로부터 부동문자로 인쇄된 청약서를 받아 서명을 하였다. 서명 당시 환자가 곧 수술을 해야 한다는 말을 들었을 뿐 환자의 상태나 시행하게 될 수술이 어떠한 수술인지, 수술 후 발생할 수 있는 부작용 및 후유증, 수술 후의 치료방법 등에 대하여 아무런 설명을 들은 바 없었다. 1998. 8. 7. 우측 척측 측부인대 재건술 시행 당시에도 위 증인이나 환자는 의사로부터 우수지의 상태, 곧 시행하게 될 수술이 어떠한 수술인지, 수술 후 발생할 수 있는 부작용 및 후유증, 수술 후 치료방법 등에 대한 설명을 전혀 들은 바 없이 청약서에 서명하는 등 동의한 사실이 인정된다. 위 인정사실에 의하면 의사는 특별히 응급을 요한다는 등의 특단의 사정도 없이 환자 측에 진료계약상의 설명의무를 소홀히 한 사실이 인정된다(제1심).

○ 환자 측은 만약 의사로부터 설명을 들었다면 수술에 동의하지 않았을 것이므로, 의사들은 환자에게 대퇴골두 무혈성 괴사로 입은 손해를 배상할 책임이 있다고 주장한다. 환자의 대퇴골두 무혈성 괴사는 이 사건의 대퇴골 수술로 인하여 발생한 것이 아니라 교통사고로 인한 골절 또는 혈관 손상으로 인하여 발생한 것이고, 대퇴골 경부 골절 환자의 경우 대퇴골두 무혈성 괴사를 예방하는 특별한 예방법도 없으므로, 환자의 대퇴골두 무혈성 괴사는 의사들의 의료행위로 인하여 발생한 것이라고 볼 수 없고, 따라서 비록 의사가 환자에게 환자가 주장하는 내용에 대한 설명을 하지 않았더라도 환자의 손해와 상당 인과관계가 있다거나, 환자의 자기결정권을 침해하였다고 볼 수 없다(항소심).

○ 원심에서 판단한 것은 의사의 설명의무에 관한 법리오해 등의 위법이 없다(상고심).

3. 손해배상범위 및 책임제한

가. 의료인 측의 손해배상책임 범위: 기각(제1심) → 기각(항소심) → 파기환송(상고심)

나. 제한 이유

(1) 의사가 설명의무를 위반함으로써 환자에게 중대한 결과가 발생한 경우에 환자 측에서 선택의 기회를 잃고 자기결정권을 행사할 수 없게 된 데에 대한 위자료만을 청구하는 때에는 의사의 설명의무위반으로 선택의 기회를 상실하였다는 사실만을 입증함으로써 충분하고, 설명을 받았더라면 사망 등의 결과는 발생하지 않았을 것이라는 관계까지 입증될 필요는 없다.

(2) 하지만 그 결과로 인한 모든 손해를 청구하는 경우에는 그 중대한 결과와 의사의 설명의무위반 사이에 상당인과관계가 존재하여야 하며, 그 경우 의사의 설명의무위반은 환자의 자기결정권 내지 치료행위에 대한 선택의 기회를 보호하기 위한 점에 비추어 환자의 생명, 신체에 대한 의료적 침습과정에서 초래된 주의의무위반의 정도와 동일시할 정도이어야 한다고 할 것이다.

(3) 이 사건의 경우, 수술 전 환자의 상태 등에 비추어 볼 때 환자는 위 수술에 따른 무혈성 괴사 등의 위험을 감수하더라도 수술을 받았어야 하는 상태이므로 피고의 설명의무 위반과 환자의 무혈성 괴사 등의 후유증과의 사이에는 상당인과관계가 있다고 보기 어려우므로, 피고의 설명의무위반으로 인하여 피고 및 피고병원이 배상하여야 할 손해의 범위는 환자에 대한 위자료에 한정된다.

나. 항소심

환자가 이 사건 우수지 수술이 잘못된 것을 안 때는 1998. 11. 내지 12.경이고, 환자의 우측 무지 기저관절의 운동장애는 재수술을 받으면 개선될 수 있는 것임에도 현재까지 재수술을 받지 않고 있지 않아 환자가 요구하는 일실수입 손해는 재수술이 필요한 사정을 알고 난 후 약 5년이 경과한 후의 기간에 대한 것이기 때문에 의료인의 귀책사유에 의한 손해가 아니다.

다. 상고심

일실수입 손해 및 위자료에 관한 의료진 패소 부분을 파기하여 이 부분 사건을 원심법원에 환송하고 환자의 나머지 상고를 기각한다.

다. 손해배상책임의 범위

(1) 제1심

① 청구금액: 102,649,076원

② 인용금액: 7,000,000원(위자료)

(2) 항소심

① 청구금액: 131,513,500원

② 인용금액: 5,741,100원

　　－ 치료비: 4,741,100원

　　－ 위자료: 1,000,000원

(3) 상고심

일실수입 손해 및 위자료에 관한 원고 패소 부분을 파기하여 이 부분 사건을 원심법원에 환송하고 원고의 나머지 상고를 기각한다.

4. 사건 원인 분석

이 사건에서 환자는 교통사고가 발생하여 우측 대퇴골 경부골절 등을 진단받고 관혈적 정복 및 금속나사 및 금속판 고정술을 시행받았다. 이후 우수지 통증을 호소하여 우측 무지 중수 수지관절(엄지손가락 끝에서 둘째 마디) 부분의 인대에 대하여 재건술을 받았지만 뼈가 붙지 않고 무혈성 괴사가 진행되고 있어 타병원에서 진찰을 받았다. 그 결과, 우측고관절 후외상성 대퇴골두 무혈성괴사 및 이에 따른 연골용해증으로 연골이 85% 이상 손상되어 있다는 진단을 받았다. 그러나 치료는 환자가 원하는 대로 진행되지 않았고 우측 고관절 인공관절 전치환술을 받았으나 현재 우측 고관절 인공관절 상태 및 운동제한과 우측 무지 중수지절 관절운동제한의 후유증이 남아 우측 무지 기저관절(손가락 끝에서 셋째 마디) 부분의 인대에 손상이 나타난 사건이다. 이 사건과 관련된 문제점 및 원인을 분석해본 결과는 다음과 같다.

첫째, 대퇴골 수술과 관련된 과실이다. 이에 대해 환자 측은 대퇴부 경부 골절 환자의 경우 외상으로 인한 혈관 손상으로 인해 대퇴골두의 무혈성 괴사가 발생할 가능성이 있다고 주장하지만, 법원은 대퇴부 경부 골절 시 반드시 괴사가 오는지 여부를 검사해야 하는 것은 아니며, 방사선 사진상으로는 조기에 발견할 수 없으며 대퇴경부 골절 환자의 경우 무혈성 괴사의 특별한 예방법이 없다고 하였다. 대퇴골 경부 골절에서 무혈성 괴사의 위험을 낮추기 위해서는 조심스럽게 해부학적인 정복을 얻고 견고한 금속 내고정을 시행하여, 남아있는 혈류 공급을 유지하고 신생 혈관이 들어가 재혈관화될 수 있도록 견고한 고정을 유지하는 것이 중요하다. 정기적인 방사선 검사를 통하여 무혈성 괴사로 진행된 것을 확인한 시점에서 통증 및 운동 제한, 관절염과 같은 증상이 있을 경우 관절 치환술로의 전환이 가장 적절한 치료가 될 것으로 생각된다.

둘째, 손가락 관절 수술 시 실제 손상부위가 아닌 다른 부위의 인대에 대해 재

〈표 20〉 원인분석

분석의 수준	질문	조사결과
왜 일어났는가? (사건이 일어났을 때의 과정 또는 활동)	전체 과정에서 그 단계는 무엇인가?	− 수술 후 환자 관찰, 관리 단계 − 수술 전 설명 단계
가장 근접한 요인은 무엇이었는가? (인적 요인, 시스템 요인)	어떤 인적 요인이 결과에 관련 있는가?	• 의료인 측 − 수술 후 환자 관찰 및 관리 소홀(대퇴골 수술 후 무혈성 괴사 발생에 대한 관찰 소홀, 검사 미시행, 통증 호소에도 검, 진단 지연, 예방적 응급조치 미시행) − 수술 전 설명 미흡(수술 전 합병증에 대한 설명 미흡)
	시스템은 어떻게 결과에 영향을 끼쳤는가?	

건술을 실시한 과실이다. 자문위원은 피고는 무지 스트레스 테스트를 시행하였고 이에 대해 측부 인대 봉합술을 시행한 것으로 보아 원고의 손상 부위를 무지 중수 수지 관절의 척측 측부 인대 손상으로 진단한 것으로 생각된다고 하였다. 또한 환자의 초기 진단이 정확한 진단이었는지 아닌지(수상 부위가 무지 중수지 관절인지 아니면 수근 중수관절이었는지)의 판단이 중요할 것으로 생각되며 진단과 전혀 다른 부위를 수술한 것으로 보기는 어려울 것으로 생각된다는 자문의견이 있었다. 즉, 초기 진단이 정확한 것이었는지 아닌지가 쟁점으로 보인다는 것이다(⟨표 20⟩ 참조).

5. 재발 방지 대책

원인별 재발방지 대책은 ⟨그림 20⟩과 같으며, 각 주체별 재발방지 대책은 아래와 같다.

⟨그림 20⟩ 판례 20 원인별 재발방지 사항

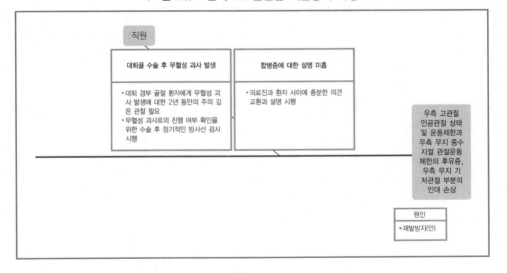

(1) 의료인의 행위에 대한 검토사항

대퇴 경부 골절 환자에게는 무혈성 괴사의 발생 여부 확인을 위하여 2년 동안의 주의 깊은 관찰을 하여야 하고 수술 후 정기적으로 방사선 검사를 시행하여야 한다.

또한 환자가 통증 호소 등의 이상증상을 보일 시에는 항상 의심하여 손상의 가능성을 염두하고 진료를 해야 하며 이상증상 발생 시에는 신속하게 MRI 등의 검사를 시행하여 진단하고 처치를 해야 한다. 수술 전에 의료인과 환자 사이에는 충분히 의견을 교환하고 합병증에 대해 설명하여야 하고, 합병증 예방 조치를 취하여야 한다.

제6장

결 론

제6장 결 론

한국의료분쟁조정중재원이 발간한 『2015년 의료분쟁 조정·중재 통계연보』에 의하면, 정형외과가 의료분쟁조정신청이 가장 많은 진료과목으로 나타났다(한국의료분쟁조정중재원, 2016).

이는 정형외과 환자의 경우 과목 특성상 위험사회에서 일상적 위험과 관련이 깊기 때문에 다른 전공과목에 비해 그 범위가 광범위하고 초기에 그리 심각하지 않게 다루어질 위험성을 내포하고 있다. 이런 의미에서 정형외과의 판례분석은 위험사회에서 일상적 위험의 중요성과 환자안전에 필수적인 선행과제라고 할 수 있다. 정형외과의 20개 판례분석 결과에 기초하여 기관 및 법·제도 측면의 재발방지대책을 중심으로 종합적으로 분석하고자 한다.

먼저 의료기관 운영 차원에서는 의료진 역량 강화를 위한 교육 시행, 감염관리 활동 시행, 위험환자 및 위험요소 관리 시스템 개발, 의료기관 내 구조(인력, 시설, 장비) 개선, 환자 및 보호자 대상 교육 시행, 충분한 설명 시행을 위한 교육 시행, 진료 공백 최소화, 환자 이송 시스템 구축 등을 들 수 있다.

다음으로 학회 및 직능단체 차원에서는 임상진료지침 개발, 수술 중 사고발생률 감소를 위한 지속적인 교육 실시, 수술 부위 표기가 용이하지 않은 경우 수술 부위 좌우 구분을 위한 적절한 표기법 개발 및 활용, Time-out 등 수술 중 사고 예방을 위한 방안들을 중소병원에서도 활용할 수 있도록 홍보 및 효과적인 적용방안 고안 등의 활동이 요구된다.

마지막으로 국가 및 지방자치체 차원에서는 첫째, 임상진료지침 개발 지원 및 활용을 권고해야 한다. 둘째, 인증평가 기준을 개발하고 활용해야 한다(의료기관 내 감염관리 위원회의 활동을 감시하고, 활성화를 위해 인증 평가 기준 보완). 셋째, 의료수가를 개선해야 하는데, 감염관리에 대한 합리적인 수가 보상체계를 구축하는 등 정책적, 경제적 지원이 필요하고, 주말 당직제 확립을 위한 국가적 지원이 있어야 한다. 넷째, 환자관리 체계를 구축해야 하는 바, 고위험군 환자 분류 및 각 환자군에 따른 체계적인 관리가 이루어질 수 있도록 지원하여야 한다. 다섯째, 전문 의료인력 확보 및 교육을 시행해야 하는데, 증가하고 있는 척추 수술 관련 사고를 예방하기 위해 척추 수술에 관련된 분과 전문의 제도를 확립하고, 증상이 모호하거나 구분이 어려운 질병에 대한 진단을 용이하게 할 수 있도록 환자의 창상 상태를 촬영한 사진을 추가하여 교육자료를 제작하고, 이를 의료기관에 배포하여 의료인 교육을 강화할 수 있도록 한다.

이와 같은 판결문 분석을 통한 원인 분석 및 재발방지 대책 제시는 판결문에 제시된 내용을 토대로 사건을 파악하여야 하기 때문에 한계점이 존재한다. 하지만 환자와 의료인 간의 의견 차이로 인해 의료소송까지 진행된 실제 사건이며, 분쟁의 해결뿐만 아니라 유사 또는 동일한 사건이 재발하지 않도록 하는 것이 중요하기 때문에 분석의 가치가 있다. 또한 이러한 의료소송 판결문을 예방적 관점에서 분석하여 파악한 원인 및 재발방지 대책은 일반인, 예비 의료인, 현직 의료인 등 다양한 대상을 위한 교육 자료 및 예방을 위한 홍보 자료 등을 개발하고 활용하는 데에 근거 자료가 될 수 있다. 또한 제안된 법·제도 차원의 개선방안은 향후 보건의료정책 개발 등에 활용하여 안전한 의료 환경 개선에 기여할 수 있을 것이다.

┃ 참고문헌 ┃

한국의료분쟁조정중재원. (2016). 2015년 의료분쟁조정·중재 통계연보.

공저자 약력

김 소 윤
연세대학교 의과대학 의료법윤리학과, 연세대학교 의료법윤리학연구원
예방의학전문의이자 보건학박사이다. 현재 연세대학교 의과대학 의료법윤리학과장을 맡고 있다.
보건복지부 사무관, 기술서기관 등을 거쳐 연세대학교 의과대학에 재직 중이며, 보건대학원 국제
보건학과 전공지도교수, 의료법윤리학연구원 부원장, 대한환자안전학회 총무이사 등도 맡고 있다.

이 미 진
아주대학교 의과대학 인문사회의학교실
보건학박사이다. 현재 아주대학교 의과대학 인문사회의학교실에 재직 중이며, 대한환자안전학회
법제이사를 맡고 있다.

김 용 민
충북대학교 의과대학 정형외과학교실
정형외과 전문의이며 주전공은 척추외과학과 근골격계 외상학이다.
서울대학교 의과대학을 졸업한 뒤 전남 무안과 국립소록도병원에서 공중보건의로 근무하였다.
서울대학교병원에서 인턴과 정형외과 전공의 과정을 수료하였으며, 동국대 전임강사로 교직을
시작하였다. 포항 동국대병원에서는 외상과 수부상지, 척추를 담당하였으며 충북의대로 옮기면
서 척추외과를 주전공으로 삼게 되었다. 충북의대 부학장, 충북대병원 교육연구부장을 역임하였
고 현재 대한정형외과학회 이사(법제)이며, 대전−충청지역 척추신경연구회 회장을 맡고 있다.

김 양 수
가톨릭대학교 의과대학 서울성모병원 정형외과
현재 가톨릭대학교 의과대학 서울성모병원 정형외과 교수로 재직 중이다. 동 대학원 교수와 정형
외과 견주관절파트장을 역임하고 있으며 현재 노동부 근로복지공단 자문의, 자동차보험 진료수가
분쟁위원회 전문위원 및 심사평가원 자문의를 겸하고 있다.

이   원
연세대학교 의과대학 의료법윤리학과, 연세대학교 의료법윤리학연구원
보건학박사이다. 중앙대학교 간호대학을 졸업한 후 삼성서울병원에서 근무하였다. 연세대학교에서
보건학석사와 박사 학위를 취득하였으며, 현재 연세대학교 의과대학 의료법윤리학과에서 박사후
과정 및 의료법윤리학연구원에서 연구원으로 재직 중이다.

정 지 연
한국과학기술기획평가원
보건학석사이다. 가천대학교 보건행정학과를 졸업한 후 연세대학교 대학원 의료법윤리학협동과정
에서 보건학석사를 취득하였다. 연세대학교 의료법윤리학연구원에서 근무하였으며, 현재 한국과학
기술기획평가원(KISTEP) 생명기초사업실에서 연구원으로 재직 중이다.

김 상 현
연세대학교 보건대학원
사회학 박사로서 의료법윤리학을 공부하고 있다. 보건의료사회학, 질적 연구방법론, 보건커뮤니
케이션 등을 강의하고 있다. 부산대학교 여성연구소 전임연구원, 연세대학교 의과대학 BK교수를
거쳐 현재 연세대학교 보건대학원 연구교수 및 의료법윤리학연구원 연구원으로 근무하고 있다.

이 세 경

인제대학교 의과대학 인문의학교실

가정의학전문의이자 의학박사, 법학박사이다. 현재 한국의료법학회 이사, 고신대학교 생리학교실 외래교수를 맡고 있으며, 연세의료원에서 가정의학과 전공의 과정을 수료하였다. 연세대학교 의료 법윤리학과 연구강사, 연세의료원 생명윤리심의소위원회위원을 거쳐 인제대학교 의과대학 인문 사회의학교실에 재직 중이다. 서강대 및 대학원에서 종교학 및 독어독문학을 공부하기도 하였다.

손 명 세

연세대학교 의과대학 예방의학교실

예방의학 전문의이자 보건학박사이며, 연세대학교 의과대학에 재직 중이다. 건강보험심사평가원 (HIRA) 원장, 연세대학교 보건대학원장, 대한의학회 부회장, 한국보건행정학회장, 유네스코 국제 생명윤리심의위원회 위원, 세계보건기구(WHO) 집행이사, 한국의료윤리학회 회장 등을 역임하 였다. 현재 아시아태평양공중보건학회(APACPH) 회장으로 활동하며 우리나라 보건의료 시스템 의 질적 향상 및 발전을 위해 노력하고 있다.

환자안전을 위한 의료판례 분석
04 정형외과

초판인쇄	2017년 4월 1일
초판발행	2017년 4월 7일
공저자	김소윤·이미진·김용민·김양수·이 원
	정지연·김상현·이세경·손명세
펴낸이	안종만
편 집	한두희
기획/마케팅	조성호
표지디자인	조아라
제 작	우인도·고철민
펴낸곳	(주) **박영사**
	서울특별시 종로구 새문안로3길 36, 1601
	등록 1959. 3. 11. 제300-1959-1호(倫)
전 화	02)733-6771
f a x	02)736-4818
e-mail	pys@pybook.co.kr
homepage	www.pybook.co.kr
ISBN	979-11-303-3004-4 94360
	979-11-303-2933-8 (세트)

copyright©김소윤 외, 2017, Printed in Korea

정 가   24,000원